PARA CONHECER
Aquisição da linguagem

COLEÇÃO

PARA
CONHECER

Aquisição da Linguagem
Elaine Grolla e *Maria Cristina Figueiredo Silva*

Fonética e Fonologia do Português Brasileiro
Izabel Christine Seara, Vanessa Gonzaga Nunes e *Cristiane Lazzarotto-Volcão*

Linguística Computacional
Marcelo Ferreira e *Marcos Lopes*

Morfologia
Maria Cristina Figueiredo Silva e *Alessandro Boechat de Medeiros*

Norma Linguística
Carlos Alberto Faraco e *Ana Maria Zilles*

Pragmática
Luisandro Mendes de Souza e *Luiz Arthur Pagani*

Semântica
Ana Quadros Gomes e *Luciana Sanchez Mendes*

Sintaxe
Eduardo Kenedy e *Gabriel de Ávila Othero*

Sociolinguística
Izete Lehmkuhl Coelho, Edair Maria Görski, Christiane Maria N. de Souza e *Guilherme Henrique May*

Coordenadores da coleção
Renato Miguel Basso
Izete Lehmkuhl Coelho

Proibida a reprodução total ou parcial em qualquer mídia
sem a autorização escrita da editora.
Os infratores estão sujeitos às penas da lei.

A Editora não é responsável pelo conteúdo deste livro.
As Autoras conhecem os fatos narrados, pelos quais são responsáveis,
assim como se responsabilizam pelos juízos emitidos.

Consulte nosso catálogo completo e últimos lançamentos em **www.editoracontexto.com.br**.

Elaine Grolla
Maria Cristina Figueiredo Silva

PARA CONHECER
Aquisição da linguagem

Copyright © 2014 das Autoras

Todos os direitos desta edição reservados à
Editora Contexto (Editora Pinsky Ltda.)

Montagem de capa e diagramação
Gustavo S. Vilas Boas

Preparação de textos
Daniela Marini Iwamoto

Revisão
Karina Oliveira

Dados Internacionais de Catalogação na Publicação (CIP)
(Câmara Brasileira do Livro, SP, Brasil)

Grolla, Elaine
Para conhecer Aquisição da linguagem / Elaine Grolla, Maria
Cristina Figueiredo Silva. – 1. ed., 4ª reimpressão. –
São Paulo : Contexto, 2023.

Bibliografia.
ISBN 978-85-7244-873-4

1. Crianças – Linguagem 2. Linguagem – Aquisição
3. Linguística 4. Português – Estudo e ensino
I. Silva, Maria Cristina Figueiredo. II. Título.

14-08156   CDD-401.93

Índice para catálogo sistemático:
1. Linguagem : Aquisição : Linguística 401.93

2023

Editora Contexto
Diretor editorial: *Jaime Pinsky*

Rua Dr. José Elias, 520 – Alto da Lapa
05083-030 – São Paulo – SP
PABX: (11) 3832 5838
contato@editoracontexto.com.br
www.editoracontexto.com.br

SUMÁRIO

APRESENTAÇÃO 9

A CAPACIDADE LINGUÍSTICA DE ADULTOS E CRIANÇAS 13
    Objetivos gerais do capítulo 13
    Objetivos de cada seção 13

    1. A fala do bicho homem e a fala dos outros bichos 14

    2. Algumas características do cérebro humano 25
        2.1 O cérebro e a linguagem 25
        2.2 O desenvolvimento do cérebro e da linguagem na criança 29

    3. Como aprendemos a falar? 36
        3.1 A hipótese da imitação 37
        3.2 A hipótese comportamentalista 44
        3.3 A hipótese da aquisição de linguagem baseada no uso 50
        3.4 A hipótese conexionista 52

    4. Resumindo... 55

    • Leituras sugeridas 57

    • Exercícios 57

EM DEFESA DE UMA ABORDAGEM RACIONALISTA **59**

    Objetivos gerais do capítulo 59

    Objetivos de cada seção 59

    Recapitulando... 60

    1. Certas propriedades da aquisição da linguagem 61

    2. Os estágios da aquisição 63

        2.1 Primeiros meses de vida 64

        2.2 Em torno dos 6 meses 64

        2.3 Em torno dos 10 meses 65

        2.4 Ao redor de 1 ano 66

        2.5 Ao redor de 1 ano e 6 meses 66

        2.6 Entre 2 e 3 anos 68

        2.7 Mais de 3 anos 68

    3. O argumento da pobreza do estímulo 70

    4. O modelo de Princípios e Parâmetros e o papel do *input* 80

    5. Resumindo... 90

    • Leituras sugeridas 91

    • Exercícios 92

METODOLOGIAS UTILIZADAS EM ESTUDOS EM AQUISIÇÃO DE LINGUAGEM **93**

    Objetivos gerais do capítulo 93

    Objetivos de cada seção 93

    Recapitulando... 93

    1. Dados espontâneos 94

    2. Dados experimentais 98

        2.1 Tarefas de produção 102

            2.1.1 Tarefa de produção eliciada 102

            2.1.2 Tarefa de imitação eliciada 107

2.2 Tarefas de compreensão	112
2.2.1 Tarefa de Julgamento de Valor de Verdade – TJVV	112
2.2.2 Tarefa de Julgamento de Gramaticalidade – TJG	117
2.2.3 Tarefa de encenação (*act out task*)	119
2.2.4 Tarefa de escolha de figuras	121
3. Resumindo…	123
• Leituras sugeridas	124
• Exercícios	125
ESTUDO DE CASO: A TEORIA DA LIGAÇÃO NO PB ADULTO E INFANTIL	**127**
Objetivos gerais do capítulo	127
Objetivos de cada seção	127
Recapitulando…	127
1. A Teoria da Ligação no PB adulto	128
1.1 Princípio A	131
1.2 Princípio B	136
1.3 Princípio C	140
2. A Teoria da Ligação no PB infantil	144
2.1 Princípio A	145
2.2 Princípio B	153
2.3 Princípio C	158
3. Resumindo…	161
• Leituras sugeridas	161
• Exercícios	162
CONSIDERAÇÕES FINAIS	**163**
BIBLIOGRAFIA	**169**
AS AUTORAS	**173**

APRESENTAÇÃO

Talvez um dos aspectos mais impressionantes com relação à aquisição da linguagem pelas crianças seja o quão rapidamente elas produzem sentenças de grande complexidade. Por exemplo, considere as sentenças a seguir, ditas por N., uma criança adquirindo português brasileiro como sua língua materna, aos 2 anos e oito meses de idade (dados de Grolla, 2000):

(1) a. Eu vou ver esse daqui. Esse, eu vou ver.
    b. Mãe: Quem deu a boneca?
       Criança: A boneca, **foi o papai que comprou na loja**.

Em (1a), a criança produz, primeiramente, uma sentença combinando as palavras na ordem mais comum ou corriqueira do português brasileiro: sujeito ('eu') – verbo ('vou ver') – objeto ('esse daqui'). Depois, ela modifica esta ordem, produzindo uma estrutura chamada de 'estrutura de fronteamento', na qual o objeto direto é posicionado à frente do sujeito ('esse, eu vou ver'). Tal construção é perfeita no português brasileiro e, aos 2 anos e oito meses, N. já produz estruturas como essa com frequência.

Em (1b), N. produz outro tipo de estrutura de fronteamento, retomando o tópico da conversação, 'a boneca', e explicando que o pai a comprou numa loja. Para dar tal explicação, a criança utilizou uma estrutura sintática chamada de **clivada**, que está em negrito no exemplo. Essa estrutura possui o verbo 'ser' no passado e focaliza (isto é, coloca em evidência) o sujeito da sentença encaixada, nesse caso 'o papai', que aparece agora entre 'foi' e 'que'. Ou seja, em vez de dizer simplesmente 'O papai comprou a boneca na loja', N. usa uma estrutura bem mais complexa, que primeiro faz menção sobre o que se está falando ('a boneca', que aparece no início da estrutura) e em seguida coloca em relevo a informação sobre quem comprou essa boneca, que foi seu pai (que aparece numa estrutura clivada). Nesse enunciado, a criança mostra que domina construções complexas de sua língua, que envolvem uma sintaxe sofisticada, antes mesmo de completar 3 anos de vida.

Nosso objetivo neste livro é justamente discutir como as crianças adquirem uma língua. É fato que *todas as crianças* adquirem (pelo menos) uma língua, e isso acontece quando elas ainda são muito novas, numa fase em que dificilmente conseguem realizar outras tarefas aparentemente bem simples, como amarrar os sapatos, por exemplo. Devido a fatos como esses, parece que o processo de aquisição de linguagem, além de ser universal, é também bastante rápido, uma vez que, por volta dos 5 anos de idade, a criança já domina quase toda a complexidade de uma língua humana (ou mais de uma). Quando tentamos aprender uma língua estrangeira depois de adultos, vemos ainda com mais clareza a proeza das crianças, porque dificilmente nesse curto espaço de tempo chegamos a dominar com a mesma desenvoltura uma língua qualquer, dada a complexidade dessa tarefa.

E exatamente por conta da complexidade que reconhecemos nas línguas naturais, podemos nos perguntar como todas as crianças adquirem uma língua, aparentemente sem esforço algum e sem serem explicitamente ensinadas. Este livro propõe uma resposta para essa questão com base numa teoria racionalista, que entende que uma parte do conhecimento linguístico necessário para a aquisição e domínio de uma língua é geneticamente determinada.

O caminho a ser percorrido em direção a esta resposta está desenhado no Sumário. No capítulo "A capacidade linguística de adultos e crianças", nosso primeiro passo será examinar algumas propriedades distintivas das línguas humanas em comparação com os sistemas de comunicação dos animais, certas características físicas do cérebro humano e, finalmente, examinar várias teorias que se dispõem a explicar a aquisição da linguagem.

Por conta de certas propriedades que observamos durante a aquisição da linguagem, optaremos por uma teoria de base racionalista para guiar nosso estudo, e o capítulo "Em defesa de uma abordagem racionalista" será uma argumentação favorável a essa maneira de ver as coisas. Apresentaremos o modelo linguístico conhecido como "Princípios e Parâmetros", que oferece uma explicação interessante para dar conta, ao mesmo tempo, das semelhanças e das diferenças entre as línguas e de como a Aquisição da Linguagem lida com elas.

O capítulo "Metodologias utilizadas em estudos em Aquisição de Linguagem" traz uma discussão metodológico-teórica, isto é, uma discussão sobre como obter dados de crianças pequenas em um quadro teórico como o que estamos adotando. Veremos que existem maneiras bem imaginativas de fazer com que as crianças nos forneçam indícios importantes para avaliarmos se uma dada hipótese está correta, seja nos mostrando que interpretações podem ter para ela as sentenças que estamos estudando, seja não permitindo que certas sentenças sejam produzidas em certos contextos.

Finalmente, no capítulo "Estudo de caso: a Teoria da Ligação no PB (português brasileiro) adulto e infantil" discutiremos um fenômeno de aquisição do português brasileiro: as formas nominais – sintagmas nominais plenos (como "João" ou "a pedra"), pronomes (como "eu" ou "ele") e anáforas (como "se" ou "um ao outro"). Após uma introdução para recordar o que nossa teoria tem a dizer sobre esses elementos nas línguas adultas, veremos o quão espantoso é o volume de conhecimento que crianças exibem com respeito ao uso dessas formas.

Desta rápida exposição, você já pode calcular um pouco o tipo de conhecimento que você deve ter para se mover com conforto neste nosso livro. Em particular, um curso de Sintaxe do português é imprescindível; melhor ainda se for em Sintaxe Generativa. Para os leitores iniciantes, recomendamos que a leitura do livro seja feita na ordem em que os capítulos estão organizados; evidentemente, o leitor mais experiente pode saltar seções ou capítulos. Ao final de cada capítulo, os leitores encontram uma série de exercícios sobre o conteúdo abordado. As respostas estão disponíveis na página eletrônica da Editora Contexto (http://www.editoracontexto.com.br/material-extra).

Muitos dos nossos acertos se devem aos nossos pares, que leram versões anteriores ou trechos do texto final, a quem agradecemos efusivamente. Também Renato Basso, um dos organizadores da presente coleção, fez uma série de comentários detalhados sobre a primeira versão deste livro, o que permitiu que muitos dos nossos erros fossem corrigidos. Um agradecimento especial vai para Ruth E. V. Lopes, que leu e comentou extensivamente partes de versões anteriores deste livro, e para Marcelo Barra Ferreira, que também leu e comentou a primeira versão do presente livro. Evidentemente, quaisquer erros remanescentes são de nossa inteira responsabilidade.

Esperamos que você goste deste material. Nós adoramos tê-lo escrito!

A CAPACIDADE LINGUÍSTICA DE ADULTOS E CRIANÇAS

Objetivos gerais do capítulo:

- contextualizar a discussão sobre a aquisição da linguagem que faremos durante o restante deste livro, defendendo um modo particular de encarar esse fenômeno.
- entender as especificidades das línguas humanas, a constituição do cérebro/mente dos homens e desfazer certas crenças sobre o que as crianças fazem quando estão aprendendo a falar.

Objetivos de cada seção:

- 1: apresentar as propriedades das línguas humanas que as diferenciam dos sistemas de comunicação dos animais (arbitrariedade, dualidade, descontinuidade e produtividade).
- 2: examinar rapidamente algumas propriedades do cérebro humano, e dentre elas, o que parece ser a existência de uma área específica para o processamento linguístico, localizada no hemisfério esquerdo.
- 3: analisar diferentes respostas para a questão: "como aprendemos a falar?", defendendo uma resposta particular para ela.
- 4: conclusões alcançadas.

1. A FALA DO BICHO HOMEM E A FALA DOS OUTROS BICHOS

Já há muito se observou que, dentre os animais, apenas o bicho homem fala. Evidentemente, existem alguns animais capazes de articular sons muito parecidos com os dos seres humanos, como faz o papagaio, mas isso não é propriamente o que chamamos de falar.

Distinguir a fala de uma pessoa da fala de um papagaio é muito simples: a primeira coisa que podemos observar para fazer essa distinção é que as pessoas falam com pertinência, ou seja, a fala delas é adequada semântica e pragmaticamente ao contexto – por exemplo, se uma pessoa está indo embora de noite, não se espera que ela diga 'oi' ou 'bom dia'. Se ela fizer isso, todos vão olhar para ela como se ela estivesse com algum problema ou fazendo uma brincadeira, certo? O papagaio, por sua vez, pode perfeitamente falar 'bom dia' à meia-noite, e ninguém acha isso estranho. Na verdade, engraçado é quando o papagaio fala com pertinência – quando ele fala 'boa noite' no momento certo, por exemplo. Portanto, no quesito "falar com pertinência", o papagaio só acerta por acaso! E é por isso mesmo que podemos afirmar que, quando o papagaio repete alguma fala em língua humana, ele não está se comunicando, porque o que ele produz não faz nenhum sentido para ele, embora possa fazer para nós.

Contudo, mesmo sem ter a capacidade de falar como nós falamos, muitos animais têm sistemas sofisticados de comunicação, como é o caso das abelhas, que, por meio de uma dança, são capazes de informar a que distância da colmeia e em que direção fica a fonte para a extração de pólen. Neste caso, estamos diante de comunicação verdadeira, porque as outras abelhas entendem o que a abelha dançarina está informando. No entanto, por mais aprimorado que seja o sistema de comunicação desse inseto, tudo que ele é capaz de fazer é isso: indicar a direção e a que distância está o alimento. A abelha não poderá insuflar suas companheiras contra a abelha-rainha, por exemplo, fazendo uso desse sistema, nem mesmo contar uma piada, ou fazer fofoca.

Se a fala humana fosse apenas um sistema de comunicação, não haveria como (nem por que) distingui-la da linguagem de outros animais. Mas ela é muito mais do que um sistema de comunicação, porque nós podemos fazer várias outras coisas com a linguagem além de simplesmente comunicar alguma informação para outros seres; nós podemos jurar, xingar, perguntar, adular, ameaçar, ensimesmar, falar do que existe e do que não existe, de tempos idos ou que ainda não chegaram, fazer poesia e muito mais! Tudo isso só é possível justamente porque as línguas humanas têm certas propriedades e em certos graus que distinguem claramente qualquer enunciado, fala ou pronunciamento humano do sistema de comunicação de qualquer outro animal. Mas, afinal, que propriedades são essas?

Nós podemos fazer tudo isso com os sistemas linguísticos humanos porque eles são flexíveis e versáteis, para usar os termos de Lyons (1987). Essa flexibilidade e versatilidade observadas nas línguas humanas se devem à presença, em alto grau, de basicamente quatro propriedades: a arbitrariedade, a dualidade, a descontinuidade e a produtividade (que, como veremos, tem diversas facetas, entre elas a recursividade e a independência de estímulos externos). Vamos examinar cada uma dessas propriedades comparando as línguas humanas com os sistemas de comunicação dos animais.

Como enfatizado por Saussure, em seu famoso *Curso de linguística geral*, de 1916, o signo linguístico é **arbitrário**, o que quer dizer que a relação que se estabelece entre o som de uma determinada palavra, por exemplo, e o seu significado é fruto de convenção entre os falantes. Não há nada no som da palavra 'amor' que nos faça pensar no significado que ela tem, porque 'amor' partilha uma boa parte dos seus sons com, por exemplo, 'mordaça' e nem por isso os significados delas se parecem, não é verdade? Claro, existem casos em que há uma relação quase necessária entre o som e o significado da palavra – em todas as onomatopeias, como em 'coachar' (do sapo) ou 'miar' (do gato); contudo, esses casos são bem poucos e o fato de existir variação do que são as "vozes" animais entre as línguas mostra que mesmo aí há um tanto de arbitrariedade na relação: o cachorro late [au-au] em português, mas [wau-wau] em japonês e – pasme! – [gaf-gaf] em russo! Para a grande maioria das palavras (primitivas, ou seja, não derivadas de outras), não é possível prever qual será o seu significado, dado simplesmente o som da palavra. Por exemplo, o que tem de amor na palavra portuguesa 'amor' ou na palavra inglesa '*love*'?

Mas como essa propriedade ajuda na flexibilidade e versatilidade das línguas? Observe que, se a relação entre sons e significados é arbitrária, nenhum grupo de sons está restrito a só poder ter um tipo único de significado; ou seja, a única restrição que pesará sobre a combinação dos sons serão as próprias leis internas que os regem (por exemplo, não combinar seis consoantes seguidas), e não alguma outra necessidade exterior ao próprio sistema sonoro. Essa liberdade é preciosa!

O que podemos nos perguntar agora é: os sistemas de comunicação dos animais possuem a propriedade da arbitrariedade? Se sim, em que grau? Vamos examinar a "língua das abelhas". Como se sabe, a abelha utiliza uma dança, executada numa das paredes da colmeia, para indicar às outras abelhas a localização e a qualidade de uma fonte de alimento. São três os padrões de dança. O critério que determina a escolha de um dos padrões é a distância da fonte em relação à colmeia: é escolhido o padrão em "círculo" quando a fonte se encontra perto da colmeia, a não mais de 6 metros; o padrão de dança em "oito" é escolhido quando a fonte de alimento está entre 6 e 18 metros de distância da colmeia; e o padrão em "círculo cortado" é escolhido quando a fonte está localizada a mais de 18 metros da colmeia. Nesse caso, a informação exata da distância se dá pela velocidade com que a abelha executa o padrão: quanto mais lenta a dança, mais distante a fonte de alimento. Esse é o padrão ilustrado pela Figura 1:

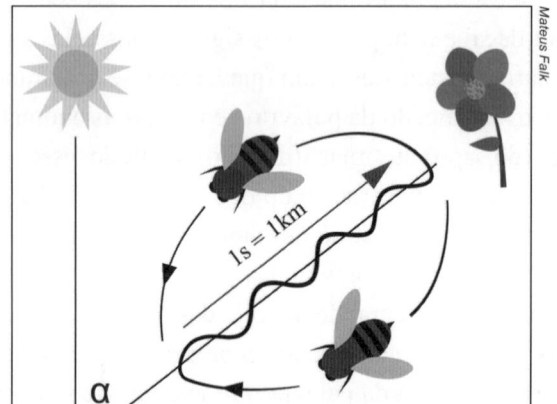

Figura 1: Dança em "círculo cortado", em que a distância é expressa pela velocidade com que a abelha executa o padrão.

A direção escolhida pela abelha para desenhar esses padrões na parede da colmeia é tal que o ângulo que ela faz com a vertical revela a direção em relação ao sol em que as abelhas devem voar para encontrar a fonte de alimento, como vemos na Figura 2. Além da distância e da direção, a informação sobre a qualidade da fonte também faz parte da dança e se revela pela quantidade de vezes e pela vivacidade com que a abelha realiza o padrão.

Figura 2: Relação entre o ângulo em que a dança é feita, na colmeia, e a posição do sol para indicação da fonte de pólen.

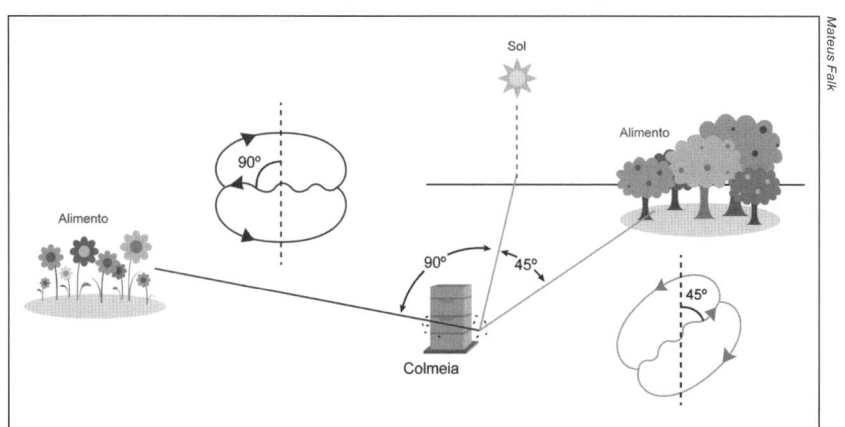

Podemos perguntar agora: essas formas dos signos empregados pelas abelhas e os seus significados mantêm entre si uma relação arbitrária ou não arbitrária? Aparentemente, a relação é arbitrária: não há nada intrinsecamente associado a dançar em "oito" ou a dançar em "círculo" que faça pensar em distância menor ou maior, mesmo porque a dança em "círculo" está envolvida tanto na expressão da menor quanto da maior distância. Também a vivacidade ou a quantidade de vezes com que se repete o padrão não têm nenhuma relação necessária com a qualidade da fonte de comida.

No entanto, o fato de a dança ser mais lenta quando a distância é maior é uma decorrência direta das leis da física: vai demorar mais tempo para chegar à fonte, esse é o ponto. Teríamos aqui um aspecto não arbitrário do sistema das abelhas... Contudo, o fato de existirem partes significativas do sistema de comunicação das abelhas que são arbitrários já nos faz considerar a arbitrariedade como uma propriedade talvez necessária, mas seguramente não suficiente para definir o caráter especial das línguas humanas.

A segunda propriedade que as línguas humanas apresentam em alto grau é a dualidade, isto é, o fato de as línguas naturais possuírem dois níveis de estrutura, organizados de modo que os elementos de um nível inferior se combinam e fornecem as unidades do nível superior. Os estruturalistas chamavam a esta propriedade **dupla articulação da linguagem**. No caso das línguas humanas, vemos que os sons ou,

> O estruturalismo é a corrente fundadora da Linguística moderna. Para relembrar os principais achados dos teóricos dessa corrente, veja Camara Jr. (1970) e Lyons (1987).

mais precisamente, os fonemas (elementos do nível fonológico) se combinam segundo certas regras e produzem unidades de um nível mais alto, que são os morfemas (como, por exemplo, a raiz 'menin-' e o sufixo '-a', que juntos formam a palavra 'menina'). Este último nível (também chamado **primeira articulação**) é mais alto porque ele tem uma característica distinta do nível anterior: as unidades do nível morfológico possuem significado, mas os elementos do nível fonológico (também chamado **segunda articulação**) não possuem. Por exemplo, o fonema /a/ não significa nada por si, mas na combinação 'menin-a' ele é o morfema que expressa o feminino.

É evidente a contribuição da dualidade para a flexibilidade das línguas: com um pequeno número de elementos – trinta ou quarenta fonemas – e algumas regras de combinação, formamos alguns milhares de unidades maiores: os morfemas e as palavras. Pense por exemplo nos fonemas /a/, /r/ e /m/. Quantas palavras você consegue fazer com eles? Dadas as regras de combinação do português, que não permitem formar uma sílaba só com /r/ e /m/, nós podemos pensar imediatamente em algumas combinações, considerando também as que não incluem todos os três fonemas e as que repetem algum deles: 'mar', 'ar', 'má', 'rama', 'mama', 'ama', 'amar' etc. Como você pode ver, a estratégia da dualidade, ou a dupla articulação da linguagem, é uma maneira simples e econômica de gerar um número enorme de formas a partir de poucas unidades básicas e algumas regras de combinação.

Os sistemas de comunicação dos animais possuem essa propriedade? Bom, não há dúvida de que todos eles possuam unidades significativas. No entanto, não é claro que essas unidades são formadas por elementos que possam ser recombinados em outras unidades. Por exemplo, quando examinamos os sistemas de comunicação dos pássaros, notamos a presença de dois tipos de enunciados distintos, os chamamentos e os cantos; os chamamentos parecem poder veicular mensagens com significados do tipo "perigo" ou "comida", e os cantos parecem mais ligados à demarcação territorial e à conquista da fêmea. No entanto, não parece ser possível mostrar que esses chamamentos ou cantos tenham algum tipo de estrutura interna, isto é, sejam compostos de unidades menores que, recombinados em outros cantos ou chamamentos, possam veicular algum outro tipo de significado. Tanto quanto sabemos, não há nos sistemas de comunicação dos animais exemplos de dualidade, mas isso pode ser falta de proficiência nossa nesses sistemas. Não é muito provável, mas ainda assim é possível...

A descontinuidade, uma característica desses elementos secundários sobre os quais acabamos de falar, é a terceira propriedade que vamos examinar. A ideia aqui é muito simples: a diferença, por exemplo, entre 'pata' e 'bata' se deve ao traço [+/-sonoro] da consoante inicial: /p/ é uma consoante oclusiva bilabial [-sonora] (isto é, que não exibe vibração das pregas vocais), enquanto /b/ é uma consoante oclusiva bilabial [+sonora] (isto é, produzida com vibração das pregas vocais).

> Para sentir a vibração das pregas vocais, coloque a mão na garganta e produza os sons [p] e [b]. Você percebe que as pregas vibram na produção do [b], mas não na do [p]?

Ora, é possível imaginarmos uma máquina que vai simulando o batimento gradual das pregas vocais de modo a produzir sons que são intermediários entre /p/ e /b/. Vamos supor que a máquina começa com /p/ e vai aos poucos implementando a vibração das pregas de modo a obter /b/. O que acontece é que inicialmente, de fato, ouvimos /p/ e, depois de certo ponto, passamos a identificar aquele som como /b/. Pode ser que a gente faça críticas à qualidade dos "pês" que estávamos ouvindo e também dos "bês" que passamos a ouvir, mas o fato concreto é que nós percebemos ou /p/ ou /b/, não outra coisa: não há nada no meio que seja percebido como outra unidade, não há uma continuidade ou uma graduação do /p/ ao /b/: ou é /p/ ou é /b/. Nossa percepção é categorial: é tudo ou nada!

Talvez a vantagem da propriedade da descontinuidade das línguas humanas não seja imediatamente visível para você, mas ela é real. Em princípio, seria possível que diferenças mínimas na forma correspondessem a diferenças mínimas de significado (apesar da arbitrariedade do signo linguístico). Contudo, não é isso o que normalmente ocorre: a diferença de significado entre 'pata' e 'bata' não é necessariamente maior ou menor do que a diferença entre qualquer outro par de palavras escolhidas aleatoriamente.

Pense numa conversa de celular toda entrecortada por falta de sinal e você vai ver a vantagem dessa característica das línguas humanas: se estamos conversando sobre roupas para grávidas, a probabilidade de aparecer a palavra 'bata' é muito maior do que a de aparecer a palavra 'pata'. Se essas palavras tivessem significado próximo, em condições de comunicação degradadas seria um problema escolher qual dos dois significados o interlocutor pretendia usar.

Por outro lado, nos sistemas de comunicação animal, é bastante normal a variação contínua (que é o contrário da descontinuidade); por exemplo, sabe-se que, quando o pintarroxo está demarcando seu território, um canto mais forte e com mais contrastes marca maior decisão do pássaro em defender aquele espaço e ali construir seu ninho; assim, à variação de intensidade do canto corresponde diretamente a variação na importância que o pássaro dá ao lugar, que é, afinal, a mensagem que ele quer comunicar.

Note que nós podemos também usar em algumas circunstâncias a variação de intensidade para exprimir maior ou menor urgência – por exemplo, quando quero avisar alguém (que vai atravessar a rua e está olhando para um só lado) que vem vindo um carro do outro lado, é natural que, quanto mais próximo o carro maior intensidade tende a ter o meu "chamamento"; todavia, este é um traço circunstancial das línguas humanas, não definidor do seu funcionamento, como parece ser o caso de alguns dos sistemas de comunicação animais.

Finalmente, a quarta propriedade importante das línguas humanas é a produtividade, isto é, a possibilidade de construção e interpretação de novos sinais. Esta, sim, parece ser uma propriedade que distingue a fala humana dos sistemas de comunicação dos outros animais de maneira cabal, porque qualquer pessoa é capaz de montar frases novas com base em elementos (e regras de combinação) conhecidos, e também compreender sinais assim construídos. Por exemplo, se você aprende (numa língua estrangeira, digamos) as sentenças 'a menina gosta de chocolate' e 'o jacaré toma sorvete', não será surpreendente ter a ideia de dizer 'o jacaré gosta de chocolate' e 'a menina toma sorvete', certo? Mas os animais nunca parecem ter essa ideia! O papagaio, por exemplo, pode saber muitas frases, mas ele jamais tenta recombinar parte dos elementos de uma delas com parte dos elementos da outra. A verdade é que ele simplesmente não é capaz de reconhecer subpartes naquele todo. Tampouco quando os animais usam seu próprio sistema de comunicação, não parece ser possível para eles combinar partes de seus enunciados e obter outro enunciado que veicule uma mensagem diferente. Esse combinar e recombinar elementos é parte fundamental da propriedade da produtividade, que se liga diretamente ao conceito de **criatividade regida por regras**.

Vamos frisar bem: "criatividade" neste contexto não tem o mesmo sentido que essa palavra possui no uso cotidiano, em que normalmente é associada com alguma capacidade artística. Aqui, estamos falando de uma propriedade da fala de qualquer ser humano, mesmo aqueles sem quaisquer dotes artísticos – mas estamos falando **apenas** dos seres humanos, só deles... Criatividade aqui quer dizer que nós não temos um estoque mental de sentenças que repetimos cada vez que precisamos falar de certo assunto. Ao contrário, as sentenças que usamos a cada instante são absolutamente novas, no sentido de que aquelas formas específicas são construídas por nós no momento em que falamos e possivelmente não serão repetidas em nenhuma outra circunstância. Reflita um momento e você verá que só em circunstâncias muito específicas repetimos uma frase (quando queremos deixar claro como foi mesmo que alguém falou uma coisa) e que, no geral, se contarmos dez vezes a mesma história, provavelmente serão usados dez conjuntos de estruturas gramaticais distintas.

É certo que alguns sistemas de comunicação animal também são capazes de produzir mensagens novas, como é o caso das abelhas, mas essas novas mensagens estarão sempre restritas a dizer fundamentalmente a mesma coisa: dada a posição do sol e a posição da colmeia, elas dizem onde está a fonte de comida. O grau de complexidade desses sistemas não se assemelha nem de longe ao das línguas humanas: as abelhas não podem segmentar o discurso em unidades menores e recombiná-las segundo certas regras, mas apenas reiterar certos padrões um número indefinido de vezes, só isso.

Nós também podemos reiterar certos padrões, às vezes de forma muito trivial, simplesmente repetindo algum constituinte da sentença, como em 'eu gosto muito de sorvete' e 'eu gosto muito muito de sorvete'. No entanto, mais do que reiterar padrões, as línguas humanas possuem uma outra propriedade que se chama **recursividade** e que permite, por exemplo, que adicionemos mais um elemento numa estrutura coordenada: a uma sentença como 'o João e a Maria saíram', podemos adicionar mais um elemento ao sujeito e obter 'o João, a Maria e *o Pedro* saíram'. Esse já é um tipo de operação mais sofisticado, porque não se trata simplesmente de repetir um padrão, mas de aplicar uma mesma regra várias vezes. Observe que a regra que nos permite fazer coordenações exige que o elemento a ser coordenado seja do mesmo tipo dos que estão ali, com os quais ele vai se coordenar; assim, podemos encaixar outro nome próprio na nossa sentença, mas não um verbo (vamos utilizar um asterisco na frente da sentença para marcar que ela não é possível): * 'O João, a Maria e beijar saíram'. Podemos coordenar sintagmas verbais também, como em: 'João *bebeu, comeu, pulou, dançou, riu* e *gargalhou*', além de sintagmas preposicionados: 'O João escondeu ovinhos de páscoa *na bolsa, na gaveta* e *no armário*'.

> A unidade mínima da sintaxe não são as palavras, mas os sintagmas. Entende-se por **sintagma** a unidade sintática composta, no mínimo, por um núcleo que determina a categoria gramatical do grupo todo. É possível que o sintagma abrigue, além do núcleo, outros elementos, obrigatórios ou opcionais. Assim, o sintagma verbal tem como núcleo um verbo, e pode também abrigar objetos e adjuntos adverbiais; o sintagma nominal tem como núcleo um nome, o sintagma preposicional tem como núcleo uma preposição etc.

O fato de ser possível aplicarmos algumas regras recursivamente é o que permite que encaixemos estruturas dentro de outras do mesmo tipo, como no caso de um sintagma nominal dentro de outro:

(1) a. O pai do João.
    b. O pai d[o pai do João].
    c. O pai d[o pai d[o pai do João]].

O mesmo acontece no nível das sentenças: dada uma sentença como (2a), podemos incluí-la dentro de outra sentença, obtendo (2b), que por sua vez pode vir a ser parte de outra sentença, como em (2c), e assim indefinidamente...

(2) a. [O Paulo saiu].
    b. A Maria acha que [o Paulo saiu].
    c. A Ana disse que [a Maria acha que [o Paulo saiu]].

Dá para ver a diferença com respeito ao que as abelhas fazem? Crucialmente, as abelhas não podem fazer fofoca, mas nós podemos...

(3) O Pedro falou que [a Ana disse que [a Maria acha que [o Paulo saiu]]].

E é assim que, para cada sentença que imaginarmos, podemos incluí-la dentro de outra. Não existe limite no número de sentenças que podem ser incluídas em outras, ou sintagmas nominais que podem ser inseridos dentro de outros sintagmas nominais. Essa ausência de limite superior nos leva a concluir que não existe, por exemplo, algo como a maior sentença da língua portuguesa, pois, para qualquer candidata que apareça, poderemos torná-la ainda maior pela adição de outra, como: 'eu acho que...'

Essa observação traz uma consequência importante: o número de sentenças existentes em uma língua é infinito. Como podemos sempre criar uma nova sentença maior do que a que tomamos por base se repetirmos esse processo, teremos uma nova sentença a cada aplicação – indefinidamente.

A recursividade é considerada uma das principais características da linguagem humana; diversos autores pensam que ela é universal na espécie humana, ou seja, todas as línguas naturais são recursivas. Além disso, a recursividade é específica da nossa espécie, pois os animais de outras espécies não a possuem em seus sistemas de comunicação, embora seja possível que eles tenham recursividade em outros sistemas, como o de navegação.

O que se observa, no geral, nos sistemas de comunicação animal, além da ausência de recursividade, é que há um conjunto fixo de mensagens que podem ser transmitidas, normalmente desencadeadas por fatores externos, como algum tipo de perigo, uma fonte de alimento ou um período de acasalamento. Ao contrário, a linguagem humana é **independente de estímulos**, uma característica ligada diretamente ao conceito de criatividade.

Vamos insistir nesse ponto, que constitui um diferencial entre as línguas humanas e os sistemas de comunicação dos animais: dizer que a linguagem humana é independente de estímulos é dizer que a forma de um dado enunciado que produzimos numa certa situação não é predizível pela situação na qual ele é proferido (embora o seu conteúdo possa ser parcialmente previsível em inúmeras circunstâncias). Assim, se entra um pássaro voando na sala, alguém pode gritar 'que horror!', outra pessoa pode falar 'que gracinha!', e outra ainda pode dizer 'por que deixaram a janela aberta?'. O que não há é a garantia de que alguém produzirá a palavra 'pássaro', ou seja, as línguas humanas não funcionam como os sistemas de comunicação dos animais; estes, sim, são resposta direta a estímulos exteriores. Dito de outra forma: dado um estímulo de certa natureza, a forma da resposta dos outros bichos será automática e previsível, mas a nossa não.

É importante frisar que a criatividade humana é regida por regras, o que quer dizer que os enunciados produzidos em qualquer língua humana possuem estrutura gramatical; é exatamente esta propriedade que permite também a incrível diversidade dos conteúdos das mensagens humanas, ao contrário do que se vê nas mensagens dos animais, em número limitado e com conteúdo fixo. É claro que o fato de não existirem sistemas de comunicação animal com essas mesmas propriedades (ou em mesmo grau) que as línguas humanas não exclui, em princípio, a possibilidade de que os animais possam vir a aprender uma língua humana. Os estudiosos do comportamento animal também já se perguntaram se, para além de terem sistemas de comunicação mais ou menos sofisticados, alguns animais seriam capazes de adquirir alguma língua humana. Os chimpanzés, por exemplo, tomaram parte em vários experimentos como potencialmente capazes de aprender alguma língua natural humana, em particular alguma das línguas de sinais, dada a destreza manual que esses animais mostram – e uma certa dificuldade para a articulação de sons que esses primatas também exibem, um ponto ao qual voltaremos logo a seguir.

O interessante é que já foram feitos vários experimentos e todos parecem chegar à mesma conclusão: os chimpanzés aprendem a usar sinais para se comunicar com os seus instrutores humanos, mas bem poucos de seus enunciados são espontâneos; na maioria das interações, é o instrutor que "puxa conversa", e a resposta dos primatas mais da metade das vezes repete pelo menos parcialmente o enunciado do instrutor. Ora, esse tipo de comportamento é muito diferente do da criança: ela é espontânea nas suas interações com os adultos e repete cada vez menos as palavras produzidas por eles durante as conversações. Além disso, a criança não tem um "instrutor": os adultos falam normalmente com ela ou à volta dela, e ela desenvolve uma gramática compatível com aqueles dados (e com muitos outros que pertencem à língua, na verdade).

Para encerrar essa discussão, é pertinente lembrar, como fazem Gleitman e Newport (1995: 1), uma observação de Descartes, um filósofo racionalista do século XVII, que diz:

[...] é um fato muito notável que não haja ninguém [...] sem excetuar nem mesmo idiotas, que não possa colocar juntas palavras diferentes, formando com elas uma frase por meio da qual ele dá a conhecer o seu pensamento, enquanto, por outro lado, não existe nenhum animal, por mais perfeito e afortunado em suas circunstâncias que seja, que possa fazer o mesmo (tradução nossa).

2. ALGUMAS CARACTERÍSTICAS DO CÉREBRO HUMANO

2.1 O cérebro e a linguagem

Sem dúvida, a parte do corpo humano mais misteriosa para nós ainda é o cérebro. Uma das razões do mistério é que notamos no corpo humano uma organização que podemos chamar de modular: o coração faz uma coisa diferente da que o rim faz, tendo seus próprios princípios de funcionamento – o coração bate, o rim não – ou seu próprio tipo celular – o coração exibe um tipo celular diferente do das células que observamos no estômago, por exemplo. Os órgãos interagem, mas são autônomos. No cérebro, por outro lado, o que se observa é uma constituição aparentemente uniforme: sob a caixa craniana, se reúnem cerca de 10 bilhões de neurônios (também chamados em seu conjunto de "massa cinzenta"), formando a superfície do cérebro, que é o córtex. Por baixo dele temos a massa branca, constituída por bilhões de fibras que ligam os neurônios entre si. Aparentemente, não há nenhuma espécie de modularização (i.e., especialização) como a que vemos nos órgãos do nosso corpo.

Mas nem tudo é tão diferente no cérebro: por exemplo, ele exibe dois hemisférios, algo que também vemos no resto do corpo, que é composto por alguns órgãos em pares (os rins, os pulmões), assim como alguns membros (os pés, as mãos, os olhos...). O que surpreende, no entanto, é que esses hemisférios não são simétricos como os órgãos do resto do corpo em geral o são: o pulmão direito faz a mesma coisa que o pulmão esquerdo, assim como o pé direito faz fundamentalmente a mesma coisa que o pé esquerdo. No caso do cérebro, há uma espécie de divisão de tarefas, chamada tecnicamente de lateralização: tudo leva a crer que o lado esquerdo do cérebro é especializado em atividades como pensamento matemático e linguagem, enquanto o lado direito se dedica à percepção de formas e do espaço, por exemplo. A história é mais interessante ainda: com respeito aos sons que ouvimos, o lado direito é o que processa a música, enquanto o lado esquerdo é o que processa os sons da linguagem.

Assim, contrariamente às aparências, é possível dizer que o cérebro tem regiões especializadas para realizar certas tarefas. Essa hipótese, conhecida como hipótese localista, remonta à segunda metade do século XIX, período também em que a linguagem foi pela primeira vez relacionada ao hemisfério esquerdo do cérebro. Distúrbios de linguagem causados por alguma lesão física, fruto de tumor ou câncer, acidentes cardiovasculares, traumatismo craniano etc., são chamados de **afasia**. Um médico francês do século XIX, chamado Paul Broca, descobriu que lesões na parte frontal do hemisfério esquerdo causavam certos tipos de perturbações específicas no paciente: embora aparentemente compreendesse o que lhe era dito, a sua fala tinha forma telegráfica, com omissão de elementos gramaticais como preposições e conjunções, e o paciente exibia dificuldades de cunho fonológico (ainda que os órgãos fonadores não tivessem sofrido nenhum dano). Esse tipo de problema de fala ficou conhecido como **afasia de Broca** (ou agramatismo) e a região do cérebro que parece controlar esses aspectos da linguagem é chamada área de Broca. Outro médico, chamado Karl Wernicke, também no século XIX, descobriu que lesões na parte posterior do lóbulo temporal esquerdo do cérebro (em uma região logo acima da orelha esquerda) causava outro tipo de deficiência: embora seus pacientes falassem sem qualquer problema de articulação e de construção sintática das sentenças, seus enunciados eram no geral desprovidos de sentido, e os pacientes também tinham graves problemas de compreensão. Assim, aparentemente, lesões nessa parte do hemisfério esquerdo, conhecida hoje como área de Wernicke, são responsáveis por esse tipo de problema semântico no processamento da linguagem, chamado de **afasia de Wernicke**.

Figura 3: Localização das áreas de Broca e Wernicke no cérebro.

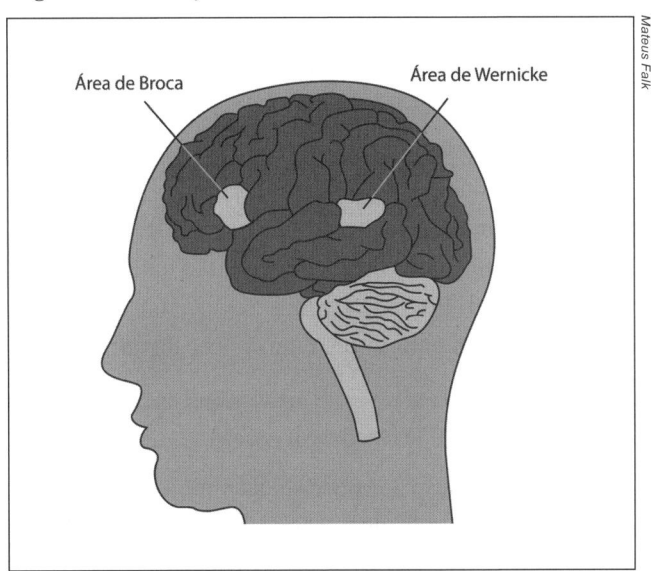

Desde a metade do século XIX, quando Broca e Wernicke apresentaram seus trabalhos, até agora, muita pesquisa já se desenvolveu nesse campo. É preciso salientar que as lesões nunca são exatamente na mesma área, muitas vezes são extensas ou múltiplas, de modo que o quadro de sintomas também pode ser muito mais vasto do que o que apresentamos aqui, o que quer dizer que o conhecimento que temos construído nesse campo é menos definitivo do que gostaríamos. Um problema ainda mais sério, no caso das afasias, é que não é sempre claro se o que se perdeu foi a base neuronal onde se aloja de alguma forma o conhecimento linguístico ou se o que está perdido são as conexões entre os conhecimentos...

Seja como for, para o nosso modesto propósito aqui, que é o de mostrar que a linguagem tem suporte material em certas áreas do cérebro, essas observações gerais bastam. No entanto, é conveniente chamar a atenção para uma coisa bem importante: vamos imaginar que os neurologistas conseguissem fornecer uma caracterização completa em termos de tipo celular e processos físico-químicos envolvidos na linguagem; ainda assim teríamos que decidir que estatuto teriam conceitos como "sentença", "grupo nominal", "concordância", "verbo", que parecem ser necessários para a caracterização dos fenômenos gramaticais. Será que esses conceitos também fazem parte da base física do cérebro – há neurônios ou regiões do cérebro especializados em "verbos", por exemplo? É difícil imaginar que uma rede de neurônios específica só deixa passar por ali informações sobre concordância. Pode ser que esse seja o caso, mas não parece que é assim que a coisa funciona. Por isso, é inescapável a referência a um outro conceito, o de **mente**, que seria o conjunto dos sistemas cognitivos, responsável pelas propriedades abstratas que o cérebro exibe enquanto sistema físico, e onde se alojariam também conceitos abstratos como o de **representação**, tão caro ao estudo dos sistemas simbólicos em geral. Por essas razões, seguiremos Chomsky em toda a sua obra e usaremos daqui para frente o termo **cérebro/mente**.

Cérebro/Mente

Uma comparação que pode ajudar você a entender melhor a questão do cérebro/mente é pensar no que são o *hardware* e o *software* nos computadores. O *hardware* é a parte física da máquina, com suas peças concretas (a placa-mãe, o pente de memória, a ventoinha...) e os fios que ligam essas partes entre si e também conectam essas partes com uma fonte de energia elétrica, de modo a garantir o funcionamento físico do sistema; o correlato humano desta parte física seria o cérebro, que também tem "peças", como a caixa craniana ou os neurônios, e igualmente tem interligação entre as partes, com a circulação do sangue garantindo o funcionamento físico deste sistema por fornecer oxigênio a ele. Por outro lado, o computador tem que ter o *software*, que são os programas que tornam os circuitos eletrônicos operantes para as diversas atividades do computador – fazer contas, armazenar dados, tocar músicas... Os programas não são visíveis, mas estão alojados em algum lugar dessa parte física; quando executamos alguma operação (por exemplo, quando clicamos no ícone da calculadora), acionamos um sistema de representações que nos permite acessar o que está na parte física da máquina, codificado de alguma forma. Assim, no caso da calculadora, temos acesso aos números de 0 a 9 no teclado e a certas operações (adição, subtração etc.) executadas por um programa formulado especialmente para isso. Repare que o que se passa na máquina é o uso de um conjunto de circuitos que deixam ou não passar corrente elétrica, mas o que se passa no programa é uma operação matemática – a soma de dois números inteiros, por exemplo – que nos dá como resultado um número. O *software* é, portanto, similar àquilo que chamamos de mente humana.

Essa discussão sobre a relação entre cérebro e mente é bastante complexa e está além dos limites deste livro; para uma introdução ao assunto, o leitor pode consultar Fromkin, Rodman e Hyams (2003) e as referências citadas lá.

2.2 O desenvolvimento do cérebro e da linguagem na criança

Nós aprendemos bastante também sobre a relação entre o cérebro/mente e a linguagem humana observando o desenvolvimento das crianças e suas habilidades linguísticas desde o nascimento: embora a criança só manifeste alguma produção linguística em torno dos seis meses de vida, certas capacidades perceptivas com respeito às línguas humanas podem ser notadas com poucos dias de vida.

Pesquisas têm mostrado que bebês com quatro dias podem distinguir sua língua materna de uma língua estrangeira. Também é possível mostrar que crianças com alguns meses de vida são capazes de reconhecer contrastes fonêmicos que existem nas línguas do mundo, embora não existam na sua língua materna – por exemplo, crianças japonesas podem distinguir entre /r/ e /l/, uma coisa que os adultos japoneses não conseguem fazer, pois esse contraste não existe na fonologia do japonês.

Como é que os pesquisadores descobrem essa capacidade infantil? Ah, eles têm métodos especiais para fazer isso. Um desses métodos consiste em colocar na chupeta do bebê um sensor capaz de enviar a um computador informações acerca da velocidade de sucção do bebê. O que os pesquisadores perceberam é que, quando o bebê está quietinho no berço, ele chupa a chupeta numa certa velocidade (isto é, com certa taxa de sucção ou com certa frequência). No entanto, tão logo acontece alguma coisa diferente no ambiente (começa a tocar uma música, por exemplo), a taxa de sucção do bebê aumenta. Se a mesma música continua tocando por algum tempo, o bebê vai se desinteressando e a taxa de sucção cai (tecnicamente, essa é a fase de habituação). Se mudarmos a música, novamente o bebê se interessa e volta a aumentar a sua velocidade de sucção. Muito criativo esse método, não é mesmo? E, depois de vários estudos e comparações entre eles, podemos dizer que os resultados desse método são bem confiáveis.

Os pesquisadores sempre fazem a pesquisa com um grupo de controle em relação ao grupo testado, para saber se a modificação feita no ambiente é mesmo a razão da mudança da velocidade de sucção. Um desses experimentos, conduzido por Jacques Mehler e seus colaboradores em 1988 e reportado por Guasti (2002: 27), fez bebês aprendizes de francês escutarem enunciados do russo. Passada a fase de habituação (isto é, quando a taxa de sucção dos bebês caiu), uma parte dos bebês começou a ouvir enunciados em francês, enquanto a outra parte (o grupo de controle) continuou ouvindo enunciados em russo. O que se verificou foi que a taxa de sucção dos bebês que continuaram ouvindo russo não mudou, enquanto a taxa de sucção dos que começaram a ouvir francês subiu, o que indica que os bebês foram capazes de distinguir as duas línguas – os pesquisadores tiveram o cuidado de pedir a um mesmo falante, um bilíngue perfeito, para gravar os textos nas duas línguas.

Você deve estar pensando: "Claro! O bebê que vai ser falante de francês já ouviu um monte de francês quando ele estava na barriga da mãe! É por isso que ele reconhece a língua!" No entanto, note que dentro do útero materno o bebê está mergulhado no líquido amniótico e ouve tão bem quanto nós ouvimos o que diz o alto-falante do clube quando estamos com a cabeça dentro d'água na piscina – um monte de barulho! Além do mais, os pesquisadores mostraram que os bebês podem distinguir entre línguas que não são conhecidas, desde que elas pertençam a grupos com propriedades rítmicas diferentes (como o russo e o francês, mas não o holandês e o inglês, por exemplo).

O que é mais surpreendente, no entanto, é que a incrível habilidade que os recém-nascidos mostram para distinguir línguas e contrastes fonêmicos dentro de uma mesma língua (seja ela sua língua materna ou não) desaparece em poucos meses. Assim, o bebê japonês que distinguia /l/ e /r/ aos 6 meses, aos 12 não é mais capaz de fazê-lo. Isso sugere que a experiência crescente com a sua língua materna na verdade funciona como um guia para uma *seleção*, dentro do inventário de sons humanos possíveis, daqueles que serão relevantes para a criança falar a sua língua materna. Portanto, muito ao contrário do que poderia parecer, a criança quando entra em contato com uma língua específica está na verdade abandonando a potencialidade de falar todas as línguas do mundo para ficar com uma única língua: aquela que ela ouve ao seu redor. Note bem quão surpreendente é o que estamos falando: "aprender uma língua" quer dizer "desaprender todas as outras", uma precondição para a criança poder construir o conhecimento específico sobre a fonologia de sua língua e poder assim acessar o conhecimento sobre o léxico dela.

É possível que a nossa capacidade de percepção, embora inegavelmente parte do nosso cérebro/mente, não seja específica para aprendermos uma língua natural. Todavia, é inegável que fazemos uso dela para desenvolvermos nossas habilidades linguísticas. E, ao lado dessa capacidade, temos uma outra, essa, sim, bem específica às nossas produções linguísticas, que começam na verdade bem mais tarde, não antes dos seis meses, quando o bebê começa a balbuciar. Até mais ou menos quatro meses, o aparato vocal do bebê é muito parecido com o do chimpanzé (e esse é o problema de articulação que ele tem do qual falamos antes): a laringe é mais alta, a garganta é menor, o trato vocal é mais estreito; além disso, a língua tem um formato diferente do formato adulto humano. A partir dos quatro meses, o aparato vocal infantil começa a sofrer uma mudança que só vai se completar em torno dos três anos, uma mudança que parece ser importante para que a criança venha a falar.

Contudo, não devemos dar importância excessiva à maturação do aparato vocal em si, porque crianças surdas começam a balbuciar com as mãos mais ou menos na mesma idade (claro! A língua que elas podem adquirir é uma língua de sinais!), o que mostra que, por trás do balbucio, está em jogo mais do que a capacidade de articular sons (ou o domínio motor). E é isso o que muitos pesquisadores têm tentado mostrar: nos primeiros meses de vida, o cérebro humano sofre o processo que chamamos de lateralização, ou seja, cada um dos hemisférios passa a se dedicar a um conjunto de funções e é apenas quando parte considerável desse processo já ocorreu ou está em marcha que a linguagem pode começar a se desenvolver.

E a linguagem não só *pode* como *deve* se desenvolver nesse período inicial da vida humana. Uma observação importante a esse respeito é a de que existe o que se convencionou chamar de **período crítico** para a aquisição da primeira língua, que dura até o início da puberdade. A criança deve ter contato com falantes de alguma língua natural até esse momento, sob pena de não mais ser possível adquirir uma língua com a mesma perfeição com que a adquirem crianças expostas a uma língua humana desde o momento de seu nascimento.

A maior evidência para a hipótese do período crítico vem de casos dramáticos, reportados na literatura, de crianças isoladas sem qualquer contato social ou linguístico. Costa e Santos (2003) reportam um desses casos, relatado por Curtiss (1977); a menina Genie até os 13 anos permaneceu afastada de qualquer interação linguística. Quando resgatada dessas condições, ela foi assistida por médicos e linguistas, que tentaram ensiná-la a falar. Genie chegou a um estágio em que conseguia se comunicar, mas falar fluentemente nunca foi possível para ela. Por quê?

Para responder a essa pergunta podemos recorrer aos estudos de Lenneberg (1967). Lenneberg considera que, se há de fato um órgão mental específico para a (aquisição da) linguagem (hipótese que discutiremos detalhadamente no capítulo "Em defesa de uma abordagem racionalista"), então devemos ver nesse órgão os mesmos tipos de processos biológicos (como maturação, recuperação em caso de acidentes etc.) que vemos em outros órgãos do corpo humano.

Trabalhando com casos de afasia traumática (isto é, aquela que é fruto de um traumatismo), a pesquisa de Lenneberg se centrou nos padrões de recuperação da fala, que são basicamente três: se a lesão cerebral ocorre em crianças no período inicial da aprendizagem (até os 2 ou 3 anos), o que se vê na recuperação é a criança reiniciar do começo o processo de aquisição, fazendo o caminho mais rapidamente e atingindo proficiência ótima em pouco tempo; se a lesão ocorre em crianças entre mais ou menos os 4 anos até o início da puberdade, o que se observa é a restauração do sistema (e não o seu reinício), sendo a recuperação completa mas bem mais lenta, podendo se estender por anos. Contudo, se a lesão ocorre no final da puberdade ou já na fase adulta, a restauração do sistema é bastante restrita, podendo deixar sequelas irrecuperáveis. Para Lenneberg, esses padrões podem ser explicados pela hipótese de que o período crítico para a aquisição da linguagem vai dos 2 anos até o início da puberdade, período em que a faculdade da linguagem é plenamente ativa.

A esses marcos temporais de padrões de recuperação, Lenneberg identifica correlatos observáveis no desenvolvimento físico do cérebro. Considerando fatores como o peso do cérebro, a densidade neuronal (ou seja, a quantidade de neurônios em uma dada área) ou a composição química do cérebro, é possível fazer a seguinte associação: entre o nascimento e os 2 ou 3 anos de idade, o crescimento do cérebro é acelerado (passa de cerca de 30% de seus valores adultos para cerca de 70% a 80% desses valores); a partir dos 3 ou 4 anos até o início da puberdade, o crescimento do cérebro progride, porém muito mais lentamente, atingindo cerca de 95% do valor adulto em torno dos 12 ou 13 anos, progredindo pouco durante a puberdade, quando atinge seu valor adulto final.

Os resultados de Lenneberg já foram contestados, no sentido de que parece haver vários períodos críticos, dependendo da habilidade que está em discussão – por exemplo, como vimos anteriormente, a perda da capacidade de distinção de contrastes fonológicos parece acontecer muito cedo. Contudo, seus resultados apontam um fato importantíssimo: o desenvolvimento da linguagem como um todo ocorre par a par com o desenvolvimento do cérebro e, quando o crescimento do cérebro estaciona, o mecanismo de aquisição da linguagem também estaciona, não permitindo mais a aquisição de uma língua com a mesma rapidez, facilidade e perfeição com que a primeira língua foi aprendida. Isso tem desdobramentos sérios também na aquisição da língua de sinais por crianças surdas. Diversos estudos mostram que quanto mais tarde se dá a exposição à língua de sinais, menos nativo é o domínio e o uso dessa língua pela criança surda, o que parece confirmar a abordagem geral de Lenneberg. Pesquisas que estão em curso nessas áreas nos ajudarão, no futuro, a entender melhor a relação entre cérebro/mente e linguagem.

A exposição tardia à primeira língua: um estudo na língua de sinais americana

Gleitman e Newport (1995) reportam um estudo sobre a aquisição da língua de sinais americana (ASL, na sigla em inglês) como primeira língua por surdos de três grupos. O primeiro grupo era composto por sujeitos surdos que foram expostos à ASL desde o nascimento. O segundo grupo era composto por sujeitos surdos que foram expostos à língua de sinais entre os 4 e os 6 anos de vida. E o terceiro, por sujeitos surdos que foram expostos à ASL depois dos 12 anos de idade. Os sujeitos da pesquisa possuíam mais de trinta anos de uso da ASL quando foram testados, ou seja, não havia qualquer dúvida de que eles tiveram ampla experiência com a língua naquele ponto de suas vidas. Os testes mostraram que tanto os sujeitos expostos à ASL a partir do nascimento quanto aqueles expostos entre os 4 e 6 anos de idade possuíam nível nativo de competência na língua. Porém, os resultados dos sujeitos expostos após os 12 anos foram dramáticos: apesar de ter bom controle de vocabulário e orações simples, eles usavam sentenças complexas de forma inconsistente e omitiam morfemas gramaticais, que são aquelas formas que trazem informação gramatical para as sentenças, como as preposições e as conjunções das línguas faladas.

Esse tipo de estudo traz evidência mais contundente para a hipótese do período crítico do que casos isolados como o de Genie. Ela teve uma infância extremamente difícil e pode não ter recebido nutrição adequada para seu desenvolvimento cerebral. Além disso, as condições traumáticas em que foi criada podem ter causado danos emocionais e psicológicos que teriam, em última instância, afetado o seu desenvolvimento linguístico. Por sua vez, os sujeitos da pesquisa de Newport foram criados por famílias estáveis, que forneceram um ambiente propício para as crianças se desenvolverem completamente. A única diferença entre eles e o resto das crianças "normais" foi a idade de exposição à sua primeira língua. A correlação entre exposição tardia e falta de competência nativa pode ser explicada postulando-se que a idade em que os sujeitos foram expostos à ASL (mais de 12 anos) foi excessivamente tardia, já após o término do período crítico; nesses casos, então, a aquisição acontece, mas os resultados são qualitativamente inferiores àqueles obtidos quando a aquisição acontece antes de o período crítico terminar.

Nesta nossa discussão, é preciso acrescentar ainda uma observação sobre uma conexão feita normalmente no senso comum entre inteligência e linguagem. É usual pensarmos que uma pessoa que fala bem (segundo os padrões vigentes de falar bem, é claro) é muito inteligente, e também que uma pessoa muito inteligente deve necessariamente falar bem; ao contrário, as pessoas que não falam bem nos parecem imediatamente pouco inteligentes, e tendemos a pensar que alguém com sérios problemas mentais, por exemplo, terá algum tipo de dificuldade com a linguagem. A ligação entre essas duas coisas, no entanto, está longe de ser direta.

Temos casos curiosos de pessoas com problemas cognitivos graves que falam bem e, por outro lado, casos de pessoas perfeitamente normais sob o ponto de vista cognitivo que têm sérias limitações linguísticas. Yamada (1990, apud Avram, 2003) estudou o caso de uma mulher chamada Laura, com QI abaixo de 40, que não sabia contar, não conseguia dizer as horas nem amarrar os sapatos; em sua produção linguística, contudo, apareciam sentenças complexas, como orações relativas ('o bolo *que a Maria fez*') e complementos infinitivais ('eu quero *sair*'), sentenças com encaixamento múltiplo – vários 'que... que...' – ('a Maria disse *que* o Pedro pensa *que*...') ou passivas ('o bolo *foi feito* por mim'). Ela empregava corretamente tempos verbais e marcas de concordância, advérbios temporais etc. É verdade que a sua produção superava em muito a sua compreensão, já que em situação de teste Laura não parecia ser capaz de compreender muitas das estruturas produzidas. Esse caso nos sugere que o conhecimento de certas áreas da gramática (a fonologia, a morfologia e a sintaxe) é separado do conhecimento de outras áreas (como a semântica e a pragmática) e que os conhecimentos linguísticos podem se relacionar de maneiras bem diferentes com habilidades não linguísticas. Na verdade, aqui temos alguma evidência para a dissociação entre linguagem e outras habilidades cognitivas.

Por outro lado, são conhecidos casos em que os indivíduos mostram pontuação apropriada para a idade em testes de inteligência não verbais (QI de 85 ou mais), não têm problemas neurológicos de nenhuma espécie nem problemas de surdez, mas apresentam severos déficits especificamente na habilidade linguística. Gopnik (1990, apud Avram, 2003) estuda o caso de uma família de 30 pessoas, falantes nativas de inglês, das quais 16 mostram o mesmo tipo de déficit linguístico. Fundamentalmente, o problema reside no manejo de regras morfofonêmicas; portanto, em inglês, esses problemas aparecerão claramente na distribuição da morfologia de passado (-*ed* nos verbos regulares), na concordância verbo-sujeito (-*s* na terceira pessoa do singular do presente do indicativo), no uso do morfema de plural e também no uso de aspecto gramatical (como o uso de gerúndios – *he is speak**ing***, 'ele está fala**ndo**'). Novamente, estamos frente a evidências de que a linguagem está dissociada de outras habilidades cognitivas.

Finalmente, uma última palavra sobre o assunto que iniciou esta seção e que está diretamente conectado com o parágrafo precedente: a modularidade do cérebro/mente. Vimos que, embora o cérebro aparentemente não exiba módulos como o resto do corpo, há evidências para a lateralização e a especialização dos hemisférios cerebrais e, dentro do mesmo hemisfério, de regiões que processam diferentes tipos de informação, incluindo aquelas ligadas à linguagem. Isso sugere que a organização do cérebro/mente também é modular. Se a linguagem é um módulo dentro do cérebro/mente, é de se esperar que o seu funcionamento seja autônomo com respeito aos outros sistemas cognitivos e sensoriais – de crenças, desejos etc. Podemos pensar ainda que a organização interna da própria linguagem é modular – à semelhança do que vemos no coração, por exemplo, que é um módulo no corpo, organizado internamente em módulos: o ventrículo direito, o aurículo esquerdo etc. A importância dessa observação ficará mais clara à medida que o nosso estudo sobre a aquisição da linguagem na perspectiva racionalista for progredindo no decorrer dos próximos capítulos.

3. COMO APRENDEMOS A FALAR?

Nesta seção, vamos examinar detidamente algumas hipóteses sobre como a criança chega a adquirir uma língua perfeitamente, sem instrução específica e numa velocidade espantosa – entre o nascimento e os 5 anos de idade, ela se torna falante proficiente de sua língua, uma coisa que nós, em qualquer idade depois de adultos, não conseguimos nem com muita dedicação!

Existem duas visões distintas que tentam explicar a origem do conhecimento, de modo geral, e a origem do conhecimento linguístico, de modo mais específico. A primeira delas, chamada de **empirista**, postula que todo o conhecimento provém da experiência com o ambiente. As crianças nasceriam sem nenhum conhecimento linguístico e, à medida que são expostas a uma língua, adquirem-na através de estratégias gerais para a aquisição de conhecimento, como analogias, associações e raciocínio indutivo. Do outro lado, temos a visão **racionalista**, que postula que a criança nasce dotada de conhecimentos específicos sobre linguagem. A exposição a uma língua particular enriqueceria tal conhecimento prévio, guiando a criança no processo, tornando a aquisição assim possível.

Ambas as visões são de alguma forma inatistas. Para os empiristas, o que é inato (ou seja, o que faz parte da herança genética) é a capacidade para fazer analogias e associações ou a capacidade para realizar cálculos e inferências estatísticas sobre frequências encontradas na fala dos adultos. Para os racionalistas, o que é inato é especificamente linguístico, como a noção de que toda regra sintática é dependente de estrutura, conforme discutiremos logo mais. Assim, a diferença entre empiristas e racionalistas reside não sobre o fato de algo ser inato, mas sim sobre o que exatamente é inato. Os racionalistas acreditam que só conseguiremos explicar como as crianças adquirem uma língua de forma tão rápida, uniforme e sem treinamento se postularmos que um conhecimento especificamente linguístico faz parte de nossa herança genética. Os empiristas, por sua vez, acreditam que é possível explicar tal feito sem ter que postular que regras e princípios linguísticos são geneticamente determinados.

Nesta seção, discutiremos alguns exemplos de teorias empiristas que surgiram ao longo dos anos, como a hipótese comportamentalista de Skinner (seção 3.2), a hipótese da aquisição da linguagem baseada no uso (seção 3.3) e a hipótese conexionista (seção 3.4), reservando para o próximo capítulo a discussão sobre a hipótese racionalista, diretamente derivada da Teoria da Gramática Universal proposta por Noam Chomsky.

Antes, porém, de nos determos nas hipóteses empiristas mencionadas, é importante discutirmos uma hipótese que faz parte do senso comum: a hipótese da aquisição por imitação. Veremos que, apesar de aparentemente muito simples e razoável, essa hipótese não dá conta de diversos aspectos muito interessantes da fala das crianças em fase de aquisição.

3.1 A hipótese da imitação

Para explicar a aquisição da linguagem, a proposta mais popular talvez seja a da imitação: as crianças aprendem imitando o que os adultos dizem. O maior argumento para essa hipótese é o fato de a criança aprender russo se os adultos ao seu lado falarem russo, mas aprender português se os adultos que a rodeiam falarem português.

É preciso, antes de mais nada, fazer uma observação sobre o que é uma língua. Tendemos a pensar que o vocabulário (ou o léxico) é o centro da língua, porque para fins comunicativos é verdade que devemos ser capazes, entre outras capacidades, de nomear as coisas. Mas é verdade também que, sem saber, por exemplo, quais são os princípios que norteiam a ordem das palavras numa língua, não é possível alguém se fazer compreender nela, mesmo conhecendo seus itens lexicais. Imagine que você aprenda as palavras relativas a 'o menino', 'ver' e 'a menina' em japonês. Como é que você diz em japonês que 'o menino viu a menina'? Sem saber pelo menos os rudimentos da gramática, isto é, a ordem que a língua escolhe para ordenar seus constituintes (sem falar em como é que essa língua faz para veicular a ideia de tempo passado!), mas sabendo apenas os itens lexicais, não é claro que você vai conseguir dizer o que quer dizer – em particular, copiar a ordem do português pode resultar em algo incompreensível ou pode veicular o sentido exatamente oposto, ou seja, o de que foi a menina que viu o menino. Portanto, aprender uma língua é muito mais (mas muito mais mesmo!) do que saber as palavras que compõem essa língua, ainda que essa seja uma parte importante da conversa, sobretudo quando damos ênfase ao aspecto comunicativo.

Isso posto, podemos voltar à nossa discussão sobre a criança aprender a falar por imitação. Que as palavras devem ser imitadas, disso não há dúvida, porque, como discutimos na primeira seção, o signo linguístico é arbitrário e, portanto, não há como fazer uma previsão do que uma palavra significará com base simplesmente nas suas propriedades sonoras. Alguém que já fala a língua deve nos dizer qual é a convenção adotada ali. Todavia, observe que a criança imitar com perfeição a sequência sonora /globalização/ não quer dizer que ela efetivamente incorporou essa palavra ao seu léxico, porque, se ela ainda não tem a construção conceitual que permite usar essa palavra adequadamente, essa palavra ainda não é parte de sua língua, certo?

Mas o que dizer sobre a gramática da língua? É razoável dizer que a criança aprende a gramática tentando repetir o que ela ouve o adulto falar?

Muitos fatos mostram que esse não deve (ou não pode) ser o caso. Primeiramente, vários pesquisadores já fizeram um levantamento cuidadoso do tipo de estrutura gramatical que os pais usam com as crianças e os resultados mostram que majoritariamente as sentenças dos pais ou são ordens ('vá pegar o seu casaco!'), ou são perguntas ('o que (que) você quer?'), e apenas 25% das sentenças usadas por eles são declarativas simples, como afirmações ou constatações; porém, os primeiros enunciados das crianças são, em sua grande maioria, declarativas simples.

Em segundo lugar, é notável, mesmo para quem não é pesquisador em Aquisição da Linguagem, que as crianças, praticamente a partir do momento em que começam a colocar duas palavras juntas, fazem combinações que não se encontram necessariamente na fala dos adultos. Dito de outro modo, a criança é desde muito cedo criativa nos seus enunciados, produzindo sentenças novas que ela nunca ouviu antes e que, portanto, ela simplesmente não pode estar copiando do adulto.

Ainda mais interessante é a observação de que a criança produz frases que definitivamente não se encontram na fala do adulto. Por exemplo, todas as crianças aprendendo português em um dado momento produzem sentenças como 'eu não *sabo*' ou 'eu *trazi* isso', que são formas inexistentes no português brasileiro adulto; dito de outro modo, como nenhum adulto produz as formas 'sabo' e 'trazi', se as crianças aprendessem fundamentalmente por imitação, como explicar o fato de elas produzirem tais formas? Note ainda que não há nenhuma dificuldade fonológica especial na produção de 'sei' e 'trouxe'.

Em uma primeira inspeção, poderíamos pensar que a criança está inventando qualquer coisa porque não lembra a forma correta do verbo a ser colocada naquela frase. No entanto, devemos observar que *todas* as crianças adquirindo português passam por um período em que produzem essas mesmas formas, nas mais diversas regiões do Brasil. Seria muito surpreendente se se tratasse de algo simplesmente inventado: como várias crianças diferentes, que não se conhecem, inventariam todas as mesmas formas?

Um exame detalhado dessas produções infantis mostra que não é descabido pensar que a criança na verdade está formulando uma regra de conjugação verbal (cf. Costa e Santos, 2003). Vejamos de modo mais detalhado como podemos analisar essas formas verbais.

Camara Jr. (1970) entende que o verbo do português pode ser descrito pela fórmula geral abaixo:

(4) raiz verbal + vogal temática + sufixo modo-temporal + sufixo número-pessoal

ou, de forma abreviada,

(4') RV + VT + SMT + SNP

Para este autor, a primeira pessoa do presente do indicativo de qualquer verbo no "padrão geral" (que é o nome que Camara Jr. dá ao que a gramática tradicional chama de "verbos regulares") pode receber a análise em (5):

(5)

	RV	VT	SMT	SNP	
a.	cant	-a	-Ø	-o	= canto
b.	vend	-e	-Ø	-o	= vendo
c.	abr	-i	-Ø	-o	= abro

O morfema responsável pela expressão do tempo e do modo é Ø, isto é, o morfema zero. Além disso, ocorre nessas formas um fenômeno geral da fonologia do português, que é o apagamento da vogal átona final ('a', 'e' ou 'i') quando uma outra vogal é adicionada à palavra. Assim, a vogal temática é apagada e resta apenas a vogal que marca a primeira pessoa do singular, '-o' no caso dos exemplos em (5).

Observe agora que a mesma descrição pode ser dada para a forma 'sabo':

(6)

RV	VT	SMT	SNP	
sab-	-e	-Ø	-o	= sabo

Portanto, parece plausível assumir que a criança atribui a mesma estrutura morfológica do padrão geral para o verbo 'saber' e realiza aí as mesmas operações que são realizadas com os verbos ditos regulares, nada mais. Ou seja, a produção 'sabo' indica que a criança aprendeu a regra de formação de presente em português e a aplica sem dó nem piedade a todos os verbos que encontra pela frente, mesmo àqueles que ela não ouviu ainda sendo pronunciados pelos adultos. O problema está no fato de que alguns verbos são irregulares e não se conformam à regra que a criança detectou. Para esses, ela terá que aprender, um a um, qual é a forma usada na língua adulta.

O mesmo acontece com a formação de 'trazi' na linguagem infantil. Trata-se aqui da primeira pessoa do pretérito perfeito do verbo 'trazer'. O padrão geral do pretérito perfeito é descrito por Camara Jr. (1970) do seguinte modo:

(7)

	RV	VT	SMT	SNP	
a.	cant	-e	-Ø	-i	= cantei
b.	vend	-i	-Ø	-i	= vendi
c.	abr	-i	-Ø	-i	= abri

No caso da primeira conjugação, temos a realização do alomorfe '-e-' para a vogal temática, que não desaparece porque ela é agora tônica, razão da ditongação com o '-i' que é o alomorfe de primeira pessoa do singular nesse contexto gramatical (novamente, é o morfema zero que veicula a informação de tempo e modo); por outro lado, há neutralização da diferença entre a segunda e a terceira conjugações, com a vogal temática realizando-se sempre como '-i-', que se funde com a marca de primeira pessoa do singular nesse contexto gramatical, gerando formas como 'vendi' e 'abri'.

Observe agora a descrição da forma 'trazi', de primeira pessoa do singular do pretérito perfeito do modo indicativo do verbo de segunda conjugação 'trazer':

(8)

RV	VT	SMT	SNP	
traz	-i	-Ø	-i	= trazi

Como se pode ver, a criança atribui ao verbo 'trazer' uma análise rigorosamente idêntica à que se atribui aos verbos dos padrões gerais da língua. E, mais uma vez, o problema está no fato de que este não é um verbo regular...

É importante ressaltar que todas as crianças na faixa etária aproximada entre os 3 e os 5 anos, adquirindo *qualquer* língua natural, passam por essa fase. Crianças adquirindo inglês produzem formas como '*singed*' (como se fosse o passado de '*sing*', em lugar de '*sang*') e '*mouses*' (plural de '*mouse*', em vez de '*mice*'), ou seja, esse é um processo natural de generalização de padrões. Na verdade, observa-se que as crianças passam por três estágios ao adquirir as formas adultas dos verbos irregulares. Em um primeiro momento, elas produzem as formas adultas, como 'sei' e 'fiz' em português e '*sang*' e '*broke*' em inglês. Depois de um curto período de tempo, elas começam a produzir as sobregeneralizações, como 'sabo' e '*singed*', ou seja, regularizam as formas irregulares por meio do padrão geral. Finalmente, elas convergem às formas adultas. Podemos examinar tais estágios em um gráfico:

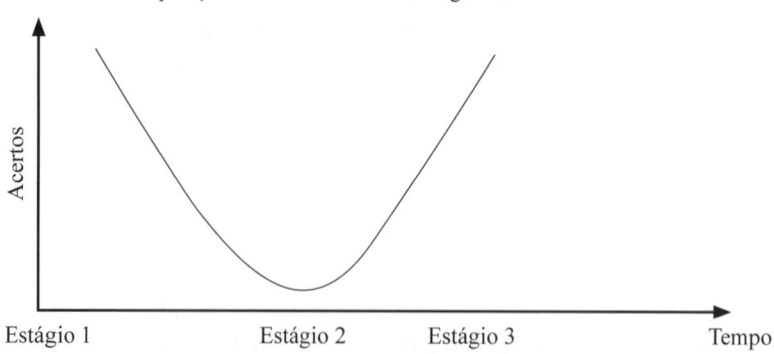

Gráfico 1: Aquisição das formas verbais irregulares – curva em forma de U

```
  ↑
  │╲                              ╱
A │ ╲                            ╱
c │  ╲                          ╱
e │   ╲                        ╱
r │    ╲                      ╱
t │     ╲___              ___╱
o │         ╲_____╱
s │
  └──────────┼──────────────┼──────────────┼──────────────→
         Estágio 1      Estágio 2      Estágio 3         Tempo
```

A explicação que estudiosos dão para essa curva em forma de U é que, no primeiro estágio, a criança produz as formas adultas (100% de acertos), mas ainda não as analisa, isto é, 'sei' seria uma forma não necessariamente relacionada a 'saber'; trata-se de uma forma decorada. A criança ouve a forma 'sei' e a repete, mas sem ter noção de sua estrutura interna (isto é, do fato de que esta é a forma do verbo 'saber' flexionado na primeira pessoa do singular, no presente do indicativo). O segundo estágio, com pouquíssimas formas adultas, corresponde às sobregeneralizações, fase em que a criança já analisa as formas como contendo raiz + sufixos e aplica a elas as regras gerais da língua. Finalmente, as formas corretas do terceiro estágio são de fato as formas irregulares adquiridas, e não vemos mais a produção de sobregeneralizações: ao aprender que 'sei' é a forma para a primeira pessoa do singular no presente do indicativo, a criança bloqueia a forma 'sabo' e não a produz mais.

Essa discussão nos leva à conclusão de que as sobregeneralizações são uma evidência poderosa contra a teoria da imitação. Além disso, há certos fatos sobre a imitação que devem ser considerados. Durante a década de 1960, a pesquisadora Susan Ervin analisou a fala espontânea de crianças adquirindo inglês e constatou que, quando uma criança de fato imita um adulto, suas imitações não são mais avançadas e complexas do que aquilo que se observa em sua fala normal. Ela encurta as sentenças dos adultos para ajustá-las ao comprimento médio de seus enunciados e inclui o mesmo número de terminações e palavras gramaticais (como preposições, verbos auxiliares, conjunções etc.) que ela produz espontaneamente quando não está imitando. Nenhuma criança do estudo de Ervin produziu imitações que eram mais avançadas; nas palavras da autora (Ervin, 1964:

172): "Não existe nenhuma evidência que ampare a visão de que o progresso em direção às normas da gramática adulta surge meramente da prática em imitação de sentenças adultas." (tradução nossa).

Portanto, existe hoje consenso na literatura da área de que a imitação não faz a criança progredir na aquisição de sua língua materna, mas pode servir de medida para avaliarmos em que estágio do desenvolvimento ela se encontra. Se pedirmos para a criança imitar a sentença 'o João está dançando' e a criança disser 'João dança', teremos indícios para suspeitar que artigos, verbos auxiliares e gerúndios ainda não foram adquiridos. Esse aspecto será mais longamente tratado no capítulo "Metodologias utilizadas em estudos em Aquisição de Linguagem", quando discutiremos como se fazem pesquisas em aquisição.

A hipótese da imitação como uma explicação plausível para a aquisição da linguagem esbarra em uma outra dificuldade insuperável, que nós podemos

> Emitir um juízo de gramaticalidade implica em reconhecer o estatuto gramatical ou agramatical de uma sentença da língua.

formular da seguinte maneira: o sistema linguístico que a criança vai ter no final do processo de aquisição, capaz de dar juízos de gramaticalidade ou de dizer quais interpretações uma sentença pode ou não ter nessa língua, é qualitativa e quantitativamente muito mais complexo do que o sistema simples que caracteriza os dados primários (ou seja, as sentenças que a criança ouve ao seu redor) a partir dos quais o sistema final foi adquirido.

Consideremos um exemplo: a forma 'você' pode ser encurtada para 'cê'. A forma 'você' pode ser usada tanto na posição de sujeito da frase ('**você** tá atrasado!') como na posição de objeto direto ('eu amo **você**'). No entanto, a forma 'cê' não tem a mesma distribuição (ou seja, não aparece nos mesmos contextos sintáticos): todos nós sabemos que não é possível usar a forma 'cê' como objeto de um verbo (* 'ele vê **cê** todo dia'), mas apenas em posição sujeito ('**cê** vê ele todo dia') e ninguém nunca nos instruiu sobre isso. Dado que as formas 'você' e 'cê' significam a mesma coisa e podem ambas ser usadas na posição de sujeito, como sabemos que não podemos utilizar 'cê' na posição de objeto? Note bem: a criança só tem acesso a dados positivos, isto é, a sentenças gramaticais da língua (como as frases bem formadas anteriores), mas chega a saber quais são as impossibilidades gramaticais nessa língua (como a sentença malformada anterior). Você vê o abismo que tem aí no meio?

Assim, se é verdade que os dados linguísticos primários são necessários, parece claro também que eles não são suficientes para chegarmos a tudo o que caracterizamos como o conhecimento de uma língua, e, portanto, algum tipo de mecanismo de outra ordem é necessário para responder por esse "pulo do gato" que a criança dá.

> Os dados linguísticos primários são as sentenças que os falantes produzem ao redor da criança, dirigindo-se ou não a ela. Ou seja, é tudo aquilo que a criança ouve ao seu redor. Tais dados fornecem informações que a criança utiliza para adquirir sua língua materna. Ao longo desse livro, chamaremos tais dados de '*input*'.

3.2 A hipótese comportamentalista

Outra hipótese aventada para explicar a aquisição da linguagem pelas crianças é a hipótese comportamentalista (ou behaviorista), formulada de modo mais explícito e desenvolvido por B. F. Skinner, no livro *Verbal Behavior*, publicado no final da década de 1950. *Grosso modo*, segundo essa perspectiva, a criança aprenderia sua língua materna porque seria estimulada positivamente quando produzisse enunciados corretos e negativamente quando os enunciados contivessem algum erro. O pressuposto por trás dessa hipótese é de que os pais ou outros adultos que cuidam da criança estão sistematicamente monitorando a fala dela e sempre premiando os seus acertos ou corrigindo os seus erros, quando eles ocorrem.

Um problema para esta hipótese é que geralmente se observa que os pais prestam atenção no que as crianças falam, mas não em como elas falam: quando os pais de fato corrigem seus filhos, eles tendem a fazer correções sobre a adequação do conteúdo da fala das crianças relativamente à situação discursiva, e não sobre a forma gramatical das expressões. Dois tipos de exemplos ilustram esse fato. Em (9) a seguir, a criança produz uma sentença com uma estrutura malformada, mas, como ela é adequada à situação, a mãe responde positivamente (agradecemos a Ana Cláudia Bastos-Gee pelos dados em (9) e (10)):

(9) Criança: Eu fez xixi cocô!
     Mãe: Muito bem, meu amor! Muito bem!

A criança, de 3 anos e 1 mês de idade, produz a sentença com uma marcação de concordância no verbo que não é a do padrão adulto e não coloca a conjunção 'e' entre 'xixi' e 'cocô', mas a mãe, mesmo assim, emite elogios.

A seguir, temos o caso em que a criança produziu uma sentença bem formada, mas, como ela não é verdadeira, ouve uma negação de sua mãe:

(10) Criança: Cobra! É uma cobra!
     Mãe: Não, filho, não é.

Apesar de a criança produzir uma sentença perfeita, gramaticalmente falando, ela ouve um 'não', porque o que ela disse não é verdade. Aliás, o que se nota mais frequentemente é que a criança normalmente é premiada quando diz a verdade e é advertida quando mente, por exemplo, independentemente da qualidade gramatical das suas asserções. O adulto está mais preocupado em educar do que em ensinar a língua.

Outro argumento que depõe contra esta hipótese decorre do fato de que, mesmo quando os pais explicitamente corrigem as crianças, elas parecem não entender a correção. No diálogo a seguir, retirado de McNeil (1970), o pai, um linguista, decide corrigir a criança e ensiná-la a forma correta de dizer "ninguém gosta de mim" em inglês, que seria '*nobody likes me*'. Observe a reação da criança:

(11) Criança: Nobody don't like me.
              /Ninguém não gosta de mim/
     Pai: No, say "nobody likes me".
              /Não, diga "nobody likes me"/
              "Não, diga 'ninguém gosta de mim'".
     Criança: Nobody don't like me.

     (Oito repetições desse diálogo)

     Pai: No, now listen carefully; say "nobody likes me".
              "Não, agora ouça com atenção; diga 'ninguém gosta de mim'".
     Criança: Oh! Nobody don't likes me.

A criança não aprendeu ainda que, em inglês, sentenças com a palavra '*nobody*' ("ninguém") não coocorrem com a negação '*don't*'. Ela usa a negação dupla ('*nobody don't*') que não é permitida em inglês. O adulto a corrige, retirando '*don't*' e colocando um '-s' no final do verbo, flexionando-o na terceira pessoa do singular, mas a criança não entende as modificações feitas pelo pai, mesmo depois de oito repetições! No fim, a criança parece notar o uso de '*likes*', embora o use incorretamente. Ou seja, ela não apreende o conteúdo de toda a correção.

Em português, temos um caso análogo. No diálogo a seguir, a criança, aos 2 anos e 5 meses de idade, é explicitamente corrigida pelo pai (agradecemos a Jéssica Kano por fornecer o exemplo):

(12) (Situação: a criança está segurando um papel para jogar no lixo)
Criança: Pai, eu quero colo pra mim jogar o papel no lixo.
Pai: Pra EU jogar.
Criança: Não! Pra EU jogar!

O pai corrige a criança, para que ela use o pronome 'eu', em vez de 'mim', algo que é prescrito pela gramática tradicional. Mas a criança não entende o teor da correção; ela entende que o pai quer jogar o papel no lixo em seu lugar e o corrige.

Adicione-se ainda a esse conjunto de observações que não só os erros gramaticais que a criança faz não são todos corrigidos (e, quando o são, as crianças não entendem a correção) como também é comum que eles sejam vistos com encanto pelos pais, que inclusive adotam aquela maneira de pronunciar uma palavra ou de falar certa frase em outras interações. Ora, se a criança estivesse na dependência da correção para chegar a formular sentenças gramaticais em sua língua materna, com esse tipo de intervenção dos adultos ela não chegaria jamais a saber que a sua formulação contém algum erro.

A questão do "erro" na fala infantil

Ao investigarmos as produções infantis, observamos que muitas formas são diferentes das formas adultas; por exemplo, a sentença 'Eu vi o meninos' (com o artigo no singular e o nome no plural) não seria uma forma encontrada na fala de um adulto. Esse tipo de construção, que não é possível na fala do adulto e que não é gerada pelas regras internalizadas que ele possui, é considerado um "erro", no sentido técnico do termo, isto é, é uma sentença agramatical. No entanto, nem tudo o que a criança produz e que é diferente do adulto deve ser classificado como "erro". Consideremos novamente o caso das sobregeneralizações, como 'sabo'. Esses casos indicam que a criança domina a regra de formação do presente em português. O que ela ainda não sabe é que alguns verbos são irregulares. Portanto, classificar formas do tipo 'sabo' como errôneas seria impreciso (e até injusto, não é mesmo?). Nesse caso, dizemos apenas que a forma é diferente da forma usada pelo adulto, mas não a classificamos como "erro".

Temos que ter em mente também que, quando usamos o termo "erro", ele não se refere àquilo que a gramática tradicional classifica como errado. Por exemplo, a gramática tradicional diz que não devemos usar pronomes do caso reto, como 'ele', na posição de objeto direto de um verbo (como em 'eu vi *ele*'). No entanto, as pessoas produzem sentenças assim rotineiramente. Dado que isso é aceito pelos falantes adultos da língua, pois é gerado pela gramática de tais falantes, não o classificamos como "erro", mas como uma possibilidade na língua.

É notável também a dificuldade que a hipótese comportamentalista teria para lidar com o fato de a criança ser capaz de produzir sentenças inteiramente novas, para as quais ela não recebeu, portanto, nenhum tipo de reforço. Evidentemente, os defensores dessa hipótese, incluindo o próprio Skinner, atribuem essa capacidade a mecanismos gerais da inteligência humana, como a analogia. Uma generalização de cunho analógico permitiria que a criança construísse sentenças nunca ouvidas nem ditas com base naquelas ouvidas e ditas e para as quais ela recebeu reforço positivo.

Não é muito claro que propriedades esse mecanismo de generalização analógica tem que ter para permitir que, a partir unicamente de informações positivas, a criança construa um conhecimento negativo, isto é, um conhecimento sobre o que não é possível na língua. Raposo (1992: 41-3) apresenta uma discussão de alguns exemplos do português europeu que mostra bem qual é o problema. Considere as sentenças em (13), que exibem a forma 'se' em duas de suas funções:

(13) a. Nesta penitenciária, os presos agridem-*se* frequentemente.
b. Nesta penitenciária, agridem-*se* os presos frequentemente.

A sentença (13a) tem primariamente a interpretação anafórica recíproca para 'se' – isto é, para cada par {x, y} do conjunto de presos, x agride y (a interpretação reflexiva, segundo a qual cada preso agride a si mesmo, é pragmaticamente menos plausível...); nesse caso, a forma 'se' cumpre o papel gramatical de objeto do verbo. A sentença (13b), por outro lado, tem a interpretação de que um conjunto indeterminado de pessoas (que pode mesmo ser uma só pessoa) agride os presos, caso em que a forma 'se' corresponde ao sujeito da oração e é similar a uma oração como 'Nesta penitenciária, alguém agride os presos frequentemente'.

Muito mais marginalmente, a sentença (13a) pode significar também que alguém agride os presos, uma interpretação próxima a algo como 'Nesta penitenciária, os presos, eles são agredidos frequentemente'. Todavia, (13a) não pode ter a interpretação de (14), isto é, a forma 'se' não pode ter uma interpretação indeterminada correspondendo ao objeto, ainda que pragmaticamente essa interpretação seja possível:

(14) Nesta penitenciária, os presos agridem pessoas (indeterminadas) frequentemente.

Isso quer dizer que a gramática do português permite a interpretação indeterminada para a forma 'se' quando ela se refere ao sujeito da sentença, mas não quando se refere ao objeto. Contudo, essa impossibilidade não é facilmente explicável por um mecanismo de generalização via analogia: dado que a língua disponibiliza o par de sentenças em (15), seria razoável a criança, com base na semelhança entre (15a) e (16a), construir por analogia o par em (15b) e (16b) – em (16b), o símbolo # é usado para dizer que a sentença é possível, mas não com a interpretação que queremos atribuir a ela nesse contexto (que é a mesma de (15b)):

(15) a. Nesta penitenciária, alguém agride os presos frequentemente.
b. Nesta penitenciária, os presos agridem alguém frequentemente.

(16) a. Nesta penitenciária, agridem-*se* os presos frequentemente.
b. # Nesta penitenciária, os presos agridem-*se* frequentemente.

Logo, (i) se existe uma analogia em termos de significado da forma 'se' com interpretação indeterminada e do assim chamado pronome indefinido 'alguém'; e (ii) se as crianças adquirem conhecimento sobre a distribuição de 'alguém' antes de adquirirem esse conhecimento com respeito ao 'se' indeterminado (uma suposição razoável para a hipótese comportamentalista, que entende a maior frequência de aparecimento de uma forma como determinante para a aprendizagem precoce dessa forma), então (iii) a generalização analógica deveria levar a criança a aceitar (16b) como uma possibilidade da gramática, um erro que as crianças jamais cometem.

Para além da generalização com base em analogia, os comportamentalistas, segundo Crain e Lillo-Martin (1999), também entendem que os falantes aprendem a construir as sentenças gramaticais de sua língua porque eles adquirem o hábito de colocar palavras e grupos de palavras em sequência. Por meio da experiência, aprendemos quais palavras podem começar uma sentença, quais palavras podem seguir-se a essas primeiras, e assim por diante. Por exemplo, é nosso hábito construir uma sentença começando por um determinante definido como 'a', seguido de um nome feminino como 'menina', que, por sua vez, pode ser seguido por um verbo. Sob esse prisma, a sentença é vista como o encadeamento de palavras, de modo que uma palavra funciona como estímulo para a palavra seguinte e assim por diante. Observe que, definido o encadeamento desse modo, supostamente não há relação entre palavras que não são vizinhas.

É possível ajustar esse mecanismo para que uma palavra seja o estímulo para as duas seguintes ou mesmo para as cinco seguintes. No entanto, não é trivial que esse mecanismo possa ser ajustado para um número indefinido de palavras quando deve explicar a concordância do sujeito com o verbo principal em sentenças como as de (17):

(17) a. Os alunos que leram Guimarães Rosa prepararam um trabalho.
    b. Os alunos que *durante o semestre* leram Guimarães Rosa prepararam um trabalho.
    c. Os alunos que *durante o semestre passado* leram Guimarães Rosa prepararam um trabalho.

O ponto é um só: a sintaxe das sentenças não funciona com base na ordem linear estrita, mas com base na organização hierárquica que as palavras ou grupos de palavras mantêm entre si. Por isso, o número de palavras é completamente irrelevante para a sintaxe. Falando de uma forma um pouco mais técnica, as relações entre os termos constituintes de uma sentença exibem **dependência da estrutura**.

Vamos frisar este ponto. Para os comportamentalistas, as regras sintáticas não precisam ser pensadas como dependentes da estrutura. Assim, a regra de concordância do sujeito com o verbo do português padrão seria formulada da seguinte maneira: o verbo deve concordar com a palavra que vem imediatamente antes dele.

Essa regra não é dependente de estrutura; para aplicá-la, precisamos simplesmente olhar para a palavra que vem imediatamente antes do verbo. Apesar de funcionar para casos simples, como (18a), ela falha para casos como (18b):

(18) a. Os alunos$_{PLURAL}$ prepararam$_{PLURAL}$ um trabalho.
  b. *Os alunos que leram Guimarães Rosa$_{SINGULAR}$ preparou$_{SINGULAR}$ um trabalho.

Para que uma regra dê conta de (18b), é preciso lançar mão da noção de "sujeito". É por isso que a regra tem de ser algo do tipo: o verbo deve concordar com o sujeito da sentença. O termo "sujeito", empregado aqui, é uma noção estrutural, que é estabelecida entre um grupo nominal e um verbo. Assim, em (18) o verbo 'preparar' deve vir no plural porque o núcleo do sujeito ('alunos') é plural. O que é interessante é que todas as regras existentes nas línguas humanas fazem uso de noções estruturais, como "sujeito", em suas formulações. Não existem regras independentes de estrutura.

Esse fato deve ser levado em conta pelas nossas hipóteses linguísticas, se quisermos ter qualquer chance de encontrar uma explicação real para o funcionamento da linguagem humana.

3.3 A hipótese da aquisição de linguagem baseada no uso

A hipótese da aquisição de linguagem baseada no uso (Langacker, 1999; Tomasello, 2003) propõe que as crianças adquirem a linguagem do mesmo modo que adquirem conhecimento em outros domínios cognitivos (como aprender a ler, a jogar xadrez, a contar etc.). Para tanto, mecanismos gerais de aquisição são postulados, como análises distribucionais, analogia e operações de cópia. A criança aprenderia expressões linguísticas concretas a partir da imitação do que escuta e a linguagem seria adquirida através do uso. Utilizando suas habilidades cognitivas e sociais, ela categorizaria, esquematizaria e combinaria, de forma criativa, as expressões e estruturas que aprendeu em momentos diferentes. As gramáticas infantis são, portanto, vistas como qualitativamente diferentes das gramáticas adultas.

O psicólogo Michael Tomasello observa que as crianças não produzem paradigmas verbais completos (como 'eu bebo', 'você bebe', 'ele bebe', 'nós bebemos' etc.). Ao invés disso, a criança apresenta itens isolados com verbos individuais usados em casos particulares, com algumas terminações e não outras. Por exemplo, podemos detectar uma fase em que a criança já produz 'eu bebi', mas ainda não produziu nenhuma vez 'ele bebeu' ou 'você bebeu'. Isso sugere, de acordo com Tomasello, que a aquisição ocorre item por item (o assim chamado "*item based approach*"). Ele formula a hipótese da ilha do verbo (*verb island hypothesis*) em que "cada verbo forma sua própria ilha de organização, em um sistema linguístico desorganizado, desprovido de categorias abstratas" (Tomasello, 2000: 157). Ou seja, voltando ao nosso exemplo anterior ('eu bebi'), a criança, nesse período inicial em que só produz essa forma, ainda não tem todo o paradigma de flexão do verbo 'beber', mas apenas algumas formas isoladas. Ela aprenderia o paradigma item a item, separadamente. E é só depois de algum tempo que essas formas isoladas, não relacionadas umas com as outras, seriam analisadas como constituindo um paradigma.

Para o autor, as regras da estrutura linguística são resultado da experiência com a língua, e a gramática não é vista como uma organização fixa, mas é produto do uso concreto das estruturas linguísticas pela comunidade de fala.

Um problema para essa hipótese diz respeito à aquisição de aspectos linguísticos que não são abertamente observáveis no *input*. Um exemplo disso seria o princípio da dependência de estrutura que acabamos de discutir em (18): as sentenças que as crianças ouvem podem ser analisadas de diversas formas, inclusive postulando regras independentes de estrutura. No entanto, as crianças parecem nunca lançar mão desse tipo de regra para produzir suas sentenças. Como elas "aprendem" isso?

Lust (2006) aponta que, antes de avaliar de forma mais definitiva a teoria da aquisição de linguagem baseada no uso, é necessário que ela explicite diversas de suas postulações. Por exemplo, quais são os mecanismos cognitivos e sociais específicos através dos quais se propõe que as crianças façam a conversão de um item individual para um padrão generalizado? Como a criança determina similaridade entre construções para saber como construir a generalização correta sem análise linguística? Quais são os mecanismos pelos quais as crianças passam de um conhecimento não gramatical para um conhecimento gramatical?

O que podemos concluir é que ainda é cedo para avaliar a eficácia de tal teoria na explicação do processo de aquisição de uma língua. Mais estudos e análises devem ser feitos para que se tenha uma visão mais completa de seu poder explicativo.

3.4 A hipótese conexionista

O termo "conexionismo" se refere a um movimento em ciências cognitivas que tem por objetivo explicar as habilidades intelectuais humanas usando redes neurais artificiais (*neural networks*). Redes neurais são modelos simplificados do cérebro, compostos por um grande número de unidades (que seriam análogas aos neurônios) junto com pesos que medem a força das conexões entre essas unidades; esses pesos modelam os efeitos das sinapses que ligam um neurônio a outro. Existem várias maneiras de implementar tal modelo. Uma proposta bastante conhecida é chamada de processamento distribuído em paralelo (*parallel distributed processing* – PDP), de Rumelhart e McClelland (1986).

Uma rede neural é composta por um grande número de unidades ligadas em um padrão de conexões. Unidades em uma rede são geralmente de dois tipos: unidades de entrada (*input units*), que recebem informação a ser processada, e unidades de saída (*output units*), nos quais os resultados do processamento são encontrados.

Uma ilustração de uma rede neural simples pode ser vista a seguir:

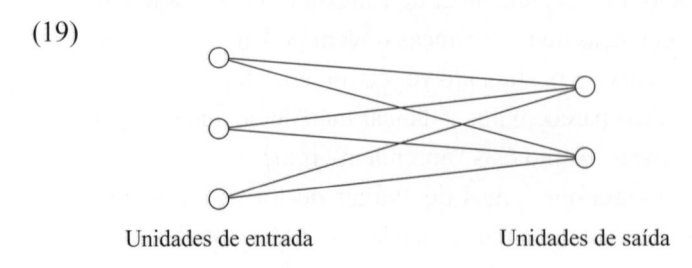

(19)

Unidades de entrada   Unidades de saída

Cada unidade de entrada tem um valor de ativação que representa algum traço externo da rede. Tomemos como exemplo o verbo '*sing*' ("cantar") do inglês, que é um verbo irregular. Sua forma de passado é '*sang*'. Se ele fosse um verbo regular, sua forma de passado seria '*singed*'. Neste modelo, a unidade de entrada envia seu valor de ativação para cada uma das unidades de saída. Assim, no caso citado, a forma '*sing*' será relacionada a '*sang*' em uma das unidades de saída. '*Sing*' também poderá estar conectado a outras unidades de saída, como '*singed*'.

O padrão de ativação estabelecido pela rede é determinado por pesos ou força de conexões entre as unidades. Pesos podem ser tanto positivos quanto negativos. Um peso negativo representa a inibição da unidade recebedora pela atividade de uma unidade enviadora. É durante a fase de aprendizado que se apresentam à rede exemplos tanto de *input* quanto de *output*. Dado um *input*, a rede modifica os pesos de suas conexões para produzir os *outputs* corretos. Assim, '*sing*' terá sua conexão a '*sang*' reforçada com pesos positivos. A conexão com '*singed*' será enfraquecida com pesos negativos. Deste modo, a rede aprende a relacionar '*sing*' a '*sang*'.

Depois da aprendizagem, a rede pode generalizar para novos estímulos. Nesses modelos, nem os nós nem as ligações correspondem a categorias linguísticas ou regras. Numa visão mais clássica sobre a cognição humana, a informação é representada por sequências de símbolos, da mesma forma que representamos dados na memória de um computador ou num pedaço de papel; nessa visão, as computações linguísticas se utilizariam de símbolos como SN (sintagma nominal), SV (sintagma verbal), sílaba ou morfema e, ao processar a linguagem, o sistema saberia que está lidando com informação sintática ou fonológica, por exemplo. Ao contrário, a visão conexionista postula que a informação é armazenada de maneira não simbólica nos pesos ou forças das conexões entre as unidades de uma rede neural.

O modelo de Rumelhart e McClelland foi construído para predizer a forma do passado para os verbos do inglês. A maioria dos verbos em inglês é regular e forma o passado pela adição do sufixo -*ed* ('*fix/fixed*', '*play/played*', '*ask/asked*' etc.). No entanto, muitos verbos que são frequentes na língua são irregulares ('*is/was*', '*come/came*', '*go/went*' etc.). Os autores então treinaram a rede em um conjunto contendo um grande número de verbos irregulares e depois em um conjunto de 460 verbos contendo em sua maioria verbos regulares.

A rede aprendeu o passado dos 460 verbos após mais ou menos 200 rodadas de treinamento, que são os procedimentos de aprendizagem em que as formas "corretas" são ensinadas à rede. Ela generalizou o padrão de forma bastante confiável para verbos que não constavam do conjunto de treinamento. A rede detectou mesmo regularidades encontradas nos verbos irregulares, como o padrão de '*send/sent*', '*build/built*' e o de '*blow/blew*', '*fly/flew*'.

Como durante a fase de aprendizagem o sistema foi exposto a um conjunto de treinamento contendo mais verbos regulares, a rede tinha a tendência de sobregeneralizar, combinando formas irregulares e regulares. Por exemplo, o sistema gerava '*break/broked*', ao invés de '*break/broke*'. Isso foi corrigido com mais treinamento.

O interesse dessas observações é o fato, já comentado neste capítulo, de que as crianças exibem essa mesma tendência de sobregeneralizar, produzindo formas como 'sabo' (em vez de 'sei'), 'fazeu' (no lugar de 'fez') e 'trazi' (no lugar de 'trouxe'). Portanto, esse comportamento do sistema foi visto como uma grande vantagem pelos autores, pois parecia mimetizar o que acontece com as crianças em processo de aquisição. Nesse aspecto, a rede se comportava como a mente humana.

No entanto, existe um grande debate acerca do tema, permeado por controvérsias. Utilizando dados analisados por Stromswold (1990), Guasti (2002) aponta o fato de que, embora seja verdade que as crianças sobregeneralizam o padrão de passado regular dos verbos, isso só acontece com verbos principais; elas nunca fazem isso com verbos auxiliares. Por exemplo, as crianças dizem: 'I *doed it*' (ao invés de 'I *did it*') ou 'I *haved it*' (ao invés de 'I *had it*'), mas elas nunca dizem '*Doed you come?*' (em lugar de '*Did you come?*') ou 'I *haved eaten*' (no lugar de 'I *had eaten*').

Para Guasti (2002), esse fato levanta dúvidas sobre a eficiência do modelo para explicar a aquisição do passado ou mesmo para explicar a aquisição de modo mais geral. E é verdade que, apesar do grande volume de pesquisas em modelos conexionistas, ainda não foi possível modular a aprendizagem de aspectos sintáticos das línguas humanas. Guasti observa que, embora modelos conexionistas possam aprender sequências de palavras, não se sabe se eles podem aprender o tipo de conhecimento expresso por restrições sintáticas.

Também não se sabe se esses modelos teriam como aprender que uma sentença é ambígua. Como você deve saber, a ambiguidade é a propriedade que algumas sentenças apresentam de possuírem dois ou mais significados. Por exemplo, em 'O João viu a menina com o binóculo', temos duas interpretações possíveis: ou (i) o João, usando um binóculo, viu a menina, ou (ii) o João viu a menina e essa menina tinha um binóculo. O fato é que falantes de uma língua são capazes de detectar ambiguidades em sentenças, mas não se sabe se é possível ensinar ambiguidade a uma rede neural.

Do mesmo modo que a teoria de aquisição de linguagem baseada no uso, teorias conexionistas apresentam ainda resultados apenas iniciais, que não nos permitem uma avaliação definitiva. São necessários mais estudos e implementações para averiguarmos a real extensão da cobertura empírica desse modelo.

4. RESUMINDO...

Neste primeiro capítulo, começamos comparando as línguas humanas e os sistemas de comunicação dos animais, e observamos certas propriedades desses sistemas para poder responder em que exatamente as línguas humanas se diferenciam dos sistemas de comunicação de seus companheiros de planeta. Fizemos uma inspeção rápida de algumas propriedades conhecidas do cérebro/mente humano para tentar determinar o que ele tem de especial que nos permite falar uma língua com o grau de complexidade que as línguas humanas exibem.

Examinamos, depois, como diferentes hipóteses empiristas dão conta das propriedades da aquisição de uma língua por uma criança. Vimos que a abordagem que supõe imitação, apesar de ser simples e aparentemente responder pela questão da aquisição do vocabulário, não dá conta de propriedades importantes da fala infantil, principalmente do fato de a criança dizer coisas que os adultos simplesmente não falam, como as formas 'trazi' ou 'sabo' como passado e presente dos verbos 'trazer' e 'saber', respectivamente.

Examinamos então outras hipóteses já formuladas dentro de quadros teóricos específicos. Vimos que uma possibilidade seria que as crianças aprendessem por algum mecanismo de estímulo e resposta, pelo qual ela é premiada quando acerta a construção linguística e é corrigida quando erra. No entanto, essa hipótese perde sua plausibilidade quando constatamos que as crianças não são sistematicamente corrigidas e que, quando são, parecem surdas às correções; os adultos, por seu turno, perdem pouco tempo com a forma que a criança usa, centrando sua atenção no conteúdo do que a criança fala.

Mesmo em suas versões mais sofisticadas, a hipótese comportamentalista não dá conta de uma propriedade muito saliente da fala das crianças, que é o fato de elas produzirem enunciados completamente novos, e não apenas aqueles para os quais elas receberam algum tipo de reforço. Essa característica da fala humana escapa a qualquer explicação que leve em conta apenas a ordem linear das palavras usadas em uma frase, porque uma propriedade crucial das regras que estão por trás dos enunciados produzidos em línguas naturais é elas fazerem referência à estrutura hierárquica do enunciado.

Examinamos rapidamente também a hipótese da aquisição da linguagem baseada no uso, que propõe que as crianças aprenderiam expressões linguísticas concretas a partir da imitação do que escutam e a linguagem seria adquirida através do uso. Utilizando suas habilidades cognitivas e sociais, elas categorizariam, esquematizariam e combinariam, de forma criativa, essas expressões e estruturas que aprenderam em momentos diferentes. No entanto, vimos que essa teoria apresenta dificuldades para explicar como seriam aprendidas regras sintáticas do tipo do princípio de dependência de estrutura, por exemplo.

O modelo conexionista também foi discutido brevemente, na versão do modelo de Rumelhart e McClelland (1986), que mostra o sucesso da rede neural para aprender o passado dos verbos em inglês, sucesso esse que poderia ser estendido para dar conta dos padrões de sobregeneralização em português.

A sobregeneralização, aliás, é um ponto de disputa entre as correntes examinadas, porque tanto parece poder ser explicada pela hipótese conexionista de redes neurais quanto por uma hipótese racionalista, que suporá que a criança está fazendo uso perfeito de certas regras morfológicas presentes no português do adulto, ainda que a abrangência de aplicação das regras esteja equivocada: as crianças pensam que ela deve ser usada em mais contextos gramaticais do que o que efetivamente ocorre na língua adulta. Assim, para além da sobregeneralização, será preciso examinar outros conjuntos de dados com o objetivo de determinar qual dessas abordagens está mais bem equipada para lidar com outros fatos, em particular, com a aquisição de restrições sintáticas ou com a ambiguidade nas sentenças.

No próximo capítulo, vamos apresentar uma série de argumentos em defesa de uma hipótese racionalista, conhecida como Teoria da Gramática Universal, na expectativa de mostrar sua superioridade para explicar a aquisição de restrições sintáticas.

Leituras sugeridas:

No primeiro capítulo de Lyons (1987), você encontra a discussão completa sobre as propriedades das línguas humanas que examinamos aqui. Em Fromkin, Rodman e Hyams (2003) há uma discussão interessante sobre as linguagens animais. A leitura do primeiro capítulo de Raposo (1992) também é muito instrutiva para os nossos objetivos neste livro. A leitura de Menuzzi (2001) oferece alguma dificuldade, mas é bastante interessante. Finalmente, para os detentores de um bom nível de inglês, indicamos a leitura de Avram (2003) e, para os mais audazes, sugerimos Hauser, Chomsky e Fitch (2002). Nesse artigo, os autores discutem quais seriam as características da linguagem humana que não são encontradas em outros sistemas de comunicação animal. Eles realizam uma extensa e interessante revisão bibliográfica acerca do que já foi descoberto sobre esses sistemas. Uma boa introdução à Aquisição da Linguagem é Guasti (2002), que discute diversos dos pontos abordados anteriormente de forma mais detalhada e aprofundada.

Exercícios

1. Quais são as principais características da linguagem humana?
2. Quais das propriedades listadas em 1. estão presentes nos sistemas de comunicação animal?
3. Quais são as características da afasia de Broca? E de Wernicke?
4. Quais são os argumentos contrários à hipótese de aquisição de linguagem por imitação?
5. Quais são os argumentos contrários à hipótese de aquisição comportamentalista?

6. O que é uma regra dependente de estrutura?
7. Considere os enunciados a seguir, produzidos por H., uma criança adquirindo PB (as palavras destacadas são definidas entre parênteses):
   a. H: O avião *desdecolou*. (= aterrissou) (aos 3 anos e 4 meses)
   b. H: Mamãe, *desestica* o braço. (= encolhe) (aos 3 anos e 6 meses)
   c. H: Hoje eu *cavalei* muito. (= brincou de andar a cavalo) (aos 4 anos)
   d. H: Quando eu crescer, quero ser *roquista*. (= roqueiro) (aos 4 anos e 3 meses).
   e. H: Mamãe, essa moça é *atora*? (= atriz) (aos 6 anos e 6 meses)
   f. H: Agora eu vou fazer uma *louquice* (= loucura) (aos 6 anos e 8 meses)
   Essas formas são contraexemplos para qual(is) teoria(s) discutida(s) anteriormente? Por quê?

EM DEFESA DE UMA ABORDAGEM RACIONALISTA

Objetivos gerais do capítulo:

- trazer argumentos em prol de uma abordagem de cunho racionalista para a Aquisição da Linguagem, conhecida como Teoria da Gramática Universal.

Objetivos de cada seção:

- 1: apresentar e discutir certas características especiais da aquisição da linguagem que são de difícil explicação em outros quadros teóricos.
- 2: examinar os estágios pelos quais vemos a criança transitar em seu período de aquisição da linguagem.
- 3: discutir a qualidade do *input* e o caráter do conhecimento adquirido, um problema conhecido na literatura como "problema de Platão", mostrando como uma teoria racionalista de aquisição da linguagem lida com esses fatos.
- 4: apresentar o modelo teórico conhecido como Princípios e Parâmetros, e mostrar como ele pode dar conta das propriedades observadas da aquisição da linguagem.
- 5: conclusões alcançadas.

Recapitulando...

No capítulo "A capacidade linguística de adultos e crianças", mostramos que as línguas humanas têm propriedades particulares que as distinguem dos sistemas de comunicação animal, que ou não apresentam essas propriedades ou são mais modestos no grau em que as apresentam. Vimos também que é bastante possível que essas propriedades estejam enraizadas em certas qualidades parcialmente físicas, que caracterizam o aparato cerebral/mental e corporal humano quando atingimos a idade de aquisição da linguagem, um período em que a aquisição da primeira língua deve se efetivar, sob pena de não ser mais possível adquirir uma língua com a perfeição com que os seres humanos em geral o fazem (essa é a hipótese do período crítico).

Além disso, observamos que a aquisição da linguagem pela criança apresenta certas características que dificilmente conseguiríamos explicar em sua totalidade por hipóteses como as da imitação, do estímulo e resposta ou a hipótese da aquisição da linguagem baseada no uso. É fato que a hipótese conexionista é capaz de fornecer um meio de simular a aprendizagem de formas verbais como 'trazi' ou 'sabo', que não fazem parte do *input* da criança, independentemente do grau de instrução dos pais ou da variedade do português brasileiro a que a criança está exposta; contudo, outras características das línguas humanas, como o fato de existirem sentenças ambíguas, não parecem tão facilmente apreensíveis por teorias que utilizam o método indutivo em qualquer das suas versões.

> A indução é um método de raciocínio que parte do exame de um conjunto de fatos particulares para propor uma generalização (isto é, uma lei geral ou uma explicação). Ela vai então do particular para o geral. A ela se contrapõe a dedução, um método que, ao contrário, vai do geral para o particular. A partir de premissas gerais, verdadeiras e claras, chega-se a conclusões verdadeiras, que não podem ser falsificadas pela experiência. Uma terceira forma de raciocínio é a abdução, que parte de dados observáveis, formula uma hipótese explicativa (generalizadora, portanto) com base em uma teoria e depois vai aos dados constatar a sua verdade.

Diante desse quadro, apresentaremos argumentos em prol de uma abordagem de cunho racionalista, conhecida como Teoria da Gramática Universal, que, diferentemente das teorias de cunho empirista, toma as sobregeneralizações como evidência de que formas verbais como 'sabo' ou 'trazi' são exatamente as que seriam esperadas se o verbo em questão fosse um verbo regular. Isso sugere que as crianças em torno dos 3 anos já sabem (inconscientemente, é claro) como funciona a morfologia verbal regular do português – dito mais tecnicamente, o componente computacional da gramática está em condições de lidar com regras que manipulam símbolos. Observe o quanto isso é intrigante: todas as crianças adquirindo português (ou qualquer língua com morfologia verbal), em torno dos 3 anos, são capazes de fazer (inconscientemente) uma análise morfológica sofisticada de modo a poder conjugar quaisquer verbos, que elas tomam por regulares. Como isso é possível? Esta é a nossa pergunta neste capítulo.

1. CERTAS PROPRIEDADES DA AQUISIÇÃO DA LINGUAGEM

Há um conjunto de fatos relacionados à aquisição da linguagem pelas crianças que merece destaque. Comecemos por observar que *todas as crianças* adquirem (pelo menos) uma língua. Esse fato é surpreendente considerando a complexidade das línguas naturais – afinal, ninguém duvida que uma língua humana, qualquer que seja ela, é bastante complexa, correto?

Além disso, as crianças adquirem uma língua quando ainda são muito novinhas, numa fase em que elas mal conseguem amarrar os sapatos ou desenhar círculos. Dito de outro modo, o processo de aquisição de linguagem, além de ser universal, é também rápido, uma vez que, por volta dos 5 anos de idade, quase toda a complexidade de uma língua já está adquirida.

Vamos começar considerando o seguinte fato: se uma criança quer aprender a jogar futebol ou a andar de *skate*, ela deve recorrer a alguém que lhe dê alguma instrução sobre como fazer aquilo e precisa se esforçar para dominar aquela técnica, isto é, precisa de treino. Por outro lado, todas as crianças adquirem uma língua natural, aparentemente sem esforço algum, sem nenhum treinamento especial e sem um *input* linguístico sequenciado, ou seja, sem nenhuma preocupação com a ordem em que as sentenças são faladas às crianças. Acrescente-se ainda que a aquisição da linguagem é praticamente involuntária, no sentido de que não decidimos na primeira infância que vamos aprender uma língua, como não decidimos que vamos andar ou que nosso coração vai bater. Isso simplesmente acontece.

O fato de que todas as crianças normais adquirem uma língua sem esforço e sem instrução é conhecido como **universalidade** da linguagem (Crain e Lillo-Martin, 1999). Embora as línguas naturais sejam muito diversas, o curso da aquisição de linguagem é o mesmo em qualquer língua, como tem sido observado translinguisticamente (isto é, em diferentes línguas) – veremos mais detalhadamente este ponto na próxima seção. Para explicar o processo de aquisição de linguagem, uma teoria linguística tem de dar conta dessa universalidade da linguagem e responder o que é especial sobre a linguagem, e sobre as crianças, que garante que elas terão dominado um sistema de regras rico e complexo num período em que elas estão apenas entrando em idade escolar.

Outra observação que deve ser ressaltada se relaciona aos dados linguísticos primários – a experiência linguística da criança, com a qual ela adquire linguagem. Em algumas comunidades, a criança passa bastante tempo com os adultos, que dão muita atenção a elas. Se esse fosse sempre o caso, poderíamos sugerir que a linguagem é ensinada às crianças pelos seus pais ou responsáveis, ainda que inconscientemente. No entanto, encontramos comunidades em que as crianças recebem menos atenção individual dos adultos, e mesmo assim acabam adquirindo linguagem da mesma forma que aquelas que recebem mais atenção. Existem até mesmo comunidades em que os adultos não conversam diretamente com as crianças, que se comunicam apenas com outras crianças. Apesar dessas grandes diferenças de experiência linguística, em todos esses casos, as crianças numa dada comunidade adquirem a língua daquela comunidade.

Estas considerações nos levam a outra característica da aquisição da linguagem: sua *uniformidade*. As crianças numa mesma comunidade, em particular em sociedades de classes, têm experiências linguísticas bastante diversas (com *inputs* diferentes) e por isso cada criança ouve sentenças que são diferentes das que outras crianças ouvem – pense, por exemplo, em filhos de professores universitários e filhos de pessoas que nunca tiveram acesso à educação; certamente, o que cada criança ouvirá em cada caso será bem diferente. Contudo, mesmo com essa diversidade no *input*, todas elas acabam adquirindo *grosso modo* a mesma língua.

Outro ponto a ressaltar é que algumas crianças aprendem várias línguas. Em comunidades onde duas ou mais línguas são faladas, as crianças aprendem todas as línguas da comunidade sem maiores problemas. Nesse sentido, a aquisição de linguagem é uma função do *input*. Se uma criança filha de brasileiros é criada na China por falantes de chinês, ela vai adquirir chinês. Se uma criança filha de chineses é criada na França por falantes de francês, ela vai adquirir francês. Assim, a língua dos pais não determina que língua a criança falará; o que determina a língua da criança é a língua que é falada ao seu redor. Assim, toda criança exposta ao inglês falará inglês, toda criança exposta ao português brasileiro falará o português brasileiro; se a criança for exposta ao português e ao inglês, ela vai adquirir essas duas línguas, e assim por diante.

Além de ser universal e uniforme, o processo de aquisição de linguagem é também muito rápido. Como mencionamos antes, quase toda a complexidade de uma língua está adquirida por volta dos 5 anos de idade, antes mesmo de as crianças começarem a frequentar a escola. O que elas levam mais tempo aprendendo são as palavras da língua – algo que continua para a vida toda, já que mesmo os adultos estão sempre aprendendo palavras novas (abra um dicionário aleatoriamente e você com certeza vai aprender uma palavra que não conhecia antes). Entretanto, por volta dos 5 anos, as crianças já dominam quase todos os tipos de estruturas usados na sua língua. Nessa mesma idade, elas estão apenas começando a contar e muitas vezes, como já mencionamos, nem sabem ainda amarrar os sapatos.

Finalmente, a última propriedade que notaremos é a sequência de estágios pelos quais as crianças passam ao adquirir uma língua. Crianças aprendendo uma língua, não importa qual seja ela, seguem um padrão quase idêntico. Elas progridem através dos mesmos estágios de aquisição e na mesma ordem, embora a rapidez com que uma criança muda de um estágio para outro seja variável. Assim sendo, o melhor indicador sobre o nível de desenvolvimento linguístico de uma criança é o estágio em que ela se encontra, e não a sua idade. Na próxima seção, apresentaremos os estágios da aquisição com maior detalhe.

2. OS ESTÁGIOS DA AQUISIÇÃO

Nesta seção, examinaremos os estágios pelos quais as crianças passam em seu desenvolvimento linguístico. Esses estágios foram observados em crianças que tiveram o seu desenvolvimento linguístico registrado periodicamente por meses ou anos (como no estudo apresentado em Brown, 1973). Por isso, os dados aqui reportados são chamados de dados **longitudinais** (isto é, colhidos ao longo do tempo). Como as crianças eram livres para dizer o que quisessem e como quisessem, sem serem orientadas a produzir construções específicas, tais dados são também chamados de **espontâneos**. No capítulo dedicado às questões metodológicas, mais alguns detalhes desse tipo de método serão discutidos.

Comparando conjuntos de dados assim recolhidos, provenientes de diversas crianças, observou-se que a idade em que tais estágios acontecem pode variar de criança para criança e, por isso, as idades mencionadas a seguir são apenas as mais comumente observadas. No entanto, o que esses dados nos mostram adicionalmente é que a sequência de estágios não varia de criança para criança.

2.1 Primeiros meses de vida

Nos primeiros meses, a criança chora e começa a balbuciar, emitindo sons que não têm nenhum significado. Diversos estudos com bebês muito novos (desde recém-nascidos até bebês com 12 meses de vida) indicam que desde os primeiros dias de vida eles mostram uma sensibilidade impressionante às propriedades e estruturas da fonologia das línguas naturais. No capítulo "A capacidade linguística de adultos e crianças", vimos que, com 4 dias de vida, os bebês conseguem discriminar uma grande variedade de línguas, algumas que eles nunca ouviram, aparentemente usando para isso o ritmo específico dessas línguas. Eles podem distinguir sua língua nativa de uma língua estrangeira e até mesmo duas línguas estrangeiras uma da outra, desde que essas línguas pertençam a grupos rítmicos distintos.

2.2 Em torno dos 6 meses

Por volta dos 6 meses, as crianças balbuciam um maior número de sons. Elas produzem várias sílabas diferentes, que são repetidas à exaustão, como "ba, ba, ba", "bi, bi, bi". Crianças adquirindo línguas diferentes apresentam o mesmo tipo de balbucio. O fato mais marcante é que até mesmo crianças surdas balbuciam neste estágio, embora elas não ouçam nenhum *input* linguístico (Karnopp, 1999; Newport e Meier, 1985). Isso indica que o balbucio não é uma resposta à estimulação externa, mas um comportamento guiado internamente.

2.3 Em torno dos 10 meses

Aos 10 meses, o balbucio das crianças muda e elas começam a balbuciar somente os sons que ouvem. Nessas produções, elas usam o acento e contornos entoacionais de sua língua.

Por volta desta idade, os bebês começam a mapear som a significado. Para extrair palavras do fluxo contínuo dos enunciados, os bebês se baseiam em várias fontes de informação específicas de linguagem: a forma prosódica das palavras, regularidades distribucionais, informação fonética e restrições fonotáticas. Essas habilidades altamente sofisticadas de percepção de linguagem são cruciais para que a criança possa aprender o léxico da sua língua nativa.

Restrições fonotáticas

Chamamos restrições fonotáticas àquelas restrições que se colocam na combinação de sons para a formação de sílabas ou palavras; por exemplo, em português, não é possível construir nenhuma sílaba com quatro consoantes como 'mtpk' – talvez em nenhuma língua essa combinação seja possível! Por outro lado, há restrições fonotáticas que são específicas de cada língua; uma restrição fonotática do português é a que proíbe a combinação das consoantes -st- dentro da mesma sílaba, embora permita a ocorrência dessas consoantes em adjacência quando estão em sílabas diferentes, como em 'ca<u>st</u>a'. Observe que em inglês não existe essa restrição e palavras como '<u>st</u>and' são bem formadas.

Outra restrição fonotática do português diz respeito não exatamente à impossibilidade de existência de certos sons dentro de uma sílaba, mas à posição em que podem ocorrer certos tipos silábicos nas palavras da língua. Por exemplo, uma sílaba como /vre/ é perfeita na segunda posição da palavra, como em 'livre', mas é completamente impossível na posição inicial em português. Um exemplo de uma restrição similar está em palavras iniciadas por consoantes palatais, normalmente empréstimos em português, como 'lhama' ou 'nhoque'. Não existem palavras nativas portuguesas que tenham essas consoantes em posição inicial de palavra, embora em posição medial ou final elas sejam perfeitas, como vemos em 'senhora' ou 'calha'.

2.4 Ao redor de 1 ano

Ao completar um ano de vida, a habilidade de discriminar sons de línguas estrangeiras decai. Os bebês começam como falantes potenciais de qualquer língua humana e sua capacidade para linguagem pode se adaptar a qualquer *input* linguístico. Enquanto ao nascer eles têm capacidade para lidar com variações globais, depois de um ano de experiência suas capacidades ficam mais refinadas. Durante esse desenvolvimento, eles perdem algumas habilidades (por exemplo, lidar com contrastes de consoantes de línguas estrangeiras), mas ganham outras que os preparam para aprender as unidades da língua que ouvem ao seu redor (isto é, palavras).

Nesta idade, a criança, além de balbuciar, também começa a produzir suas primeiras palavras (Elbers, 1982; Vihman e Miller, 1988). Elas geralmente usam palavras que nomeiam objetos comuns em seu ambiente, como 'mamãe', 'papai', 'auau' etc. Neste estágio, os enunciados das crianças são compostos por apenas uma palavra. Esses enunciados de uma palavra geralmente têm o significado de uma sentença completa, e por isso são chamados de "holófrases". Por exemplo, a criança pode dizer algo como /eit/ e ser "traduzida" pela mãe que então diz: "Isso, você 'tá tomando leite'".

A criança de um ano pode também usar gestos para se comunicar, como erguer os braços para indicar que quer que alguém a pegue no colo. A criança também combina gestos com palavras, como, por exemplo, apontar para um cachorro e dizer 'auau'. A compreensão das crianças já está adiantada e qualquer criança nesta fase entende ordens, como 'me dá um beijo'.

2.5 Ao redor de 1 ano e 6 meses

Por volta de 1 ano e meio, as crianças começam a combinar duas palavras isoladas, por exemplo, 'auau ... água'. O padrão de entoação usado pela criança ainda é o padrão de palavra isolada, com uma pausa entre elas, e podemos seguramente dizer que essas combinações de palavras não são ainda sentenças. Nesta idade, o vocabulário aumenta rapidamente, pois as crianças aprendem várias palavras novas a cada dia.

O mais surpreendente, no entanto, é que mesmo antes de as crianças começarem a combinar palavras, elas podem detectar e usar a ordem de palavras para compreender enunciados. Tal conclusão foi obtida num estudo de Hirsh-Pasek e Golinkoff, de 1996, em que foram testados bebês adquirindo o inglês como língua materna com 17 meses de idade (eles produziam apenas enunciados de uma palavra). O método usado é chamado de "paradigma do olhar preferencial" (do inglês *"preferential looking paradigm"*). Em tal teste, a criança era colocada sentada no colo de sua mãe diante de duas TVs coloridas. A mãe tinha uma venda nos olhos para que ela não indicasse para a criança, sem querer, para onde ela tinha que olhar. Entre as duas TVs existia um alto-falante que dava instruções à criança. No teste de Hirsh-Pasek e Golinkoff, as TVs mostravam dois personagens, Big Bird e Cookie Monster. Numa tela, Big Bird lavava Cookie Monster e na outra, Cookie Monster lavava Big Bird. Do alto-falante, a criança escutava a sentença: '*Big Bird is washing Cookie Monster*' ("Big Bird está lavando o Cookie Monster").

Os resultados mostram que as crianças preferem olhar para a tela que corresponde ao que elas ouviram (nesse caso, a tela com o Big Bird lavando o Cookie Monster) ao invés de olhar para a tela que não corresponde à sentença ouvida. Como as duas telas mostravam os mesmos dois personagens fazendo a mesma ação – lavando –, a única maneira de as crianças saberem qual das duas telas correspondia ao que ela ouviu é se elas soubessem qual personagem corresponde ao complemento do verbo e qual corresponde ao sujeito. A conclusão é que as crianças se basearam na ordem de palavras para saber isso. Portanto, esse estudo de compreensão indica que, mesmo antes de as crianças começarem a produzir enunciados com mais de uma palavra, elas já sabem qual é a ordem de palavras em inglês (e isso pode ser generalizado para outras línguas).

Após um breve período, a criança entra no próximo estágio, em que ela combina duas palavras num único contorno entoacional. Não há pausas entre as duas palavras e podemos considerar tais enunciados como "sentenças", que têm significado de sentenças completas. Por exemplo, a criança pode dizer 'auau nanar', querendo dizer que o cachorro está dormindo. Por volta dessa idade, a criança surda também passa pelo estágio de dois sinais (Newport e Meier, 1985). As duas palavras enunciadas encontram-se numa relação semântica, em uma mesma ordem. Alguns tipos de relações semânticas produzidas entre os elementos dos enunciados são: agente + ação ('auau corre'); ação + objeto ('pega nenê'); agente + objeto ('mamãe nenê'); ação + lugar ('joga chão'); entre outros. A ordem nesses enunciados de duas palavras é a mesma ordem canônica da linguagem do adulto. Estudos mostram que as crianças quase nunca erram a ordem desde as suas primeiras combinações de palavras (Bloom, 1970; Brown, 1973).

2.6 Entre 2 e 3 anos

Aos 2 anos de idade, a criança tem um vocabulário de aproximadamente 400 palavras e já produz sentenças simples com mais de duas palavras. Neste estágio, algumas palavras gramaticais, como artigos ('o', 'a') e conjunções (como 'mas' e 'e'), ainda não são usados (Brown, 1973), mas entre 2 anos e meio e 3 anos, a criança já terá um vocabulário de aproximadamente 900 palavras e começará a usar palavras gramaticais como artigos e pronomes.

É no período que compreende os 2 e os 3 anos que a criança apresenta "erros" como as formas de passado 'eu fazi' e 'eu trazi', produzidas por crianças adquirindo o português. Tais "erros" são, na nossa perspectiva teórica, indícios de que a criança já conhece a regra de formação de passado em português, como vimos no capítulo "A capacidade linguística de adultos e crianças". Assim, ela já sabe que a primeira pessoa do passado de verbos terminados em '-er' (como 'vender') é formado adicionando-se '-i' ao radical. O que ela não aprendeu ainda é que verbos como 'trazer' e 'fazer' são irregulares e seu passado é feito de forma diferente, e por isso tais formas têm que ser aprendidas uma a uma. Frisamos que uma forma de entender o que as crianças fazem é hipotetizar que elas detectam regularidades em seu *input* e vão além delas, produzindo formas novas, que elas nunca ouviram antes e que são regidas por regras. A criança não produz aleatoriamente formas que diferem daquelas usadas pelos adultos; quando a criança produz uma forma diferente, ela está se baseando em regularidades de fato encontradas na língua.

2.7 Mais de 3 anos

Entre 3 anos e 3 anos e meio, o vocabulário da criança gira em torno de 1.200 palavras. Preposições e outras palavras gramaticais continuam a ser adquiridas. Entre 3 anos e meio e 4 anos, as crianças começam a usar sentenças com mais de uma oração, como orações relativas e orações coordenadas. Entre 4 e 5 anos de idade, as crianças têm um vocabulário de mais ou menos 1.900 palavras e já usam orações subordinadas com termos temporais, compostas por itens como 'antes' e 'depois'.

É importante observar que, por volta dos 5 anos de idade, as crianças já adquiriram a grande maioria das construções encontradas em sua língua materna (como orações relativas, orações clivadas, perguntas, construções passivas etc.). Apesar de seu *input* ser constituído por um número finito de sentenças, a criança é capaz de produzir um número infinito delas, posto que o que a criança adquire não é uma lista de sentenças, mas um conjunto de regras que lhe permitirá gerar sentenças novas, que ela nunca ouviu antes.

As fases da aquisição

Podemos ver no quadro a seguir um resumo das principais características de cada uma das fases que examinamos nesta seção:

Idade	Produção infantil
Primeiros meses	- as crianças choram e emitem os primeiros sons; - são capazes de distinguir línguas de grupos rítmicos diferentes;
6 meses	- as crianças balbuciam várias sílabas diferentes e repetidas;
10 meses	- o balbucio infantil se restringe aos sons que ouvem; - as crianças começam a emparelhar som e significado;
1 ano	- decresce a capacidade das crianças de discriminar sons de línguas diferentes de sua língua materna; - produção das primeiras palavras, que valem por frases;
1 ano e 6 meses	- começam a produzir duas palavras com contorno frasal; - conhecem a ordem das palavras da sua língua materna;
Entre 2 e 3 anos	- o vocabulário passa de 400 para 900 palavras; - a fase das sobregeneralizações ('eu sabo', 'eu trazi');
Mais de 3 anos	- vocabulário já tem 1.200 palavras; - as sentenças produzidas já possuem preposições, artigos e outras palavras gramaticais; - estruturas complexas, como orações relativas e clivadas, são produzidas.

3. O ARGUMENTO DA POBREZA DO ESTÍMULO

Nos diálogos de Platão, argumenta-se que existem conhecimentos que não podem ter sido adquiridos via experiência. Especificamente no diálogo conhecido como *Mênon*, Sócrates tenta demonstrar que um escravo tem conhecimentos sofisticados de geometria, mesmo sem jamais ter tido acesso a qualquer instrução formal sobre a matéria. Como então o escravo domina esses conceitos? Em Linguística, o problema que se coloca é similar: como a criança sabe princípios que regem a sua língua se eles não lhe foram ensinados formalmente e se não estão à disposição nos dados aos quais ela tem acesso?

Talvez seja necessário começar a discussão por esta última afirmação: certos conhecimentos não estão disponíveis nos dados aos quais a criança tem acesso. Como assim? Que conhecimentos são esses? Em princípio, pode-se pensar que os dados linguísticos primários (isto é, o *input* da criança, todo o conjunto de elocuções que a criança ouve, seja ou não dirigido especificamente a ela) contêm *tudo* o que é possível conter, não é verdade? Não é possível que, falando por anos ao lado de uma criança, nós não tenhamos dado a ela exemplos de tudo o que a língua pode ser!

Na verdade, é possível sim. O *input* da criança é pobre a começar por esse sentido mais trivial do termo, de não conter *necessariamente* toda a informação que poderia em princípio conter. É claro que certas informações estão exibidas à exaustão: que a ordem do sintagma nominal é [determinante + nome: 'o homem'] está muito bem exemplificado no *input*, desde a primeira frase que a mãe falou quando o bebê nasceu: '*o nome* dele vai ser...'. No entanto, observe que certas estruturas mais especializadas não estão *necessariamente* presentes no *input*, mesmo se a mãe falasse 24 horas por dia com o bebê, sem parar.

Uma breve revisão em Sintaxe

Vamos precisar agora utilizar uma nomenclatura mais técnica e por isso colocamos a seguir um quadro com um pequeno grupo de termos sintáticos, sua sigla, sua definição e um exemplo.

Termo técnico	Sigla	Caracterização	Exemplos
Sintagma determinante	DP	um grupo nominal, em que o nome é acompanhado por um artigo (definido ou indefinido), um pronome demonstrativo etc.	*O Paulo* *Um livro* *Este carro*
Sintagma interrogativo	WH	Estes são os conhecidos pronomes interrogativos da gramática tradicional	*Onde foi o Pedro?* *Quem saiu?* *Quando aconteceu?*
Sintagma complementizador	CP	Aqui se encontram as chamadas conjunções integrantes da gramática tradicional	*Disse que saiu* *Perguntou se sairia*
Sintagma preposicional	PP	Grupo preposicional que é encabeçado por uma preposição e seguido por um grupo nominal ou uma sentença	*Gostar [de sorvete]* *Pensar [em viajar]* *Impressão [de que alguém me viu]*

Tomemos as sentenças relativas – "orações subordinadas adjetivas" para a tradição gramatical. Chamamos essas sentenças de "relativas" porque elas fazem uso de um pronome relativo ('que') que tem a responsabilidade de representar, na sentença subordinada, o constituinte que está na oração principal (o núcleo ou cabeça), mas é partilhado pelas duas orações (dado que existe um vazio na oração subordinada). Não ficou claro? Um exemplo vai ajudar a esclarecer tudo:

(1)

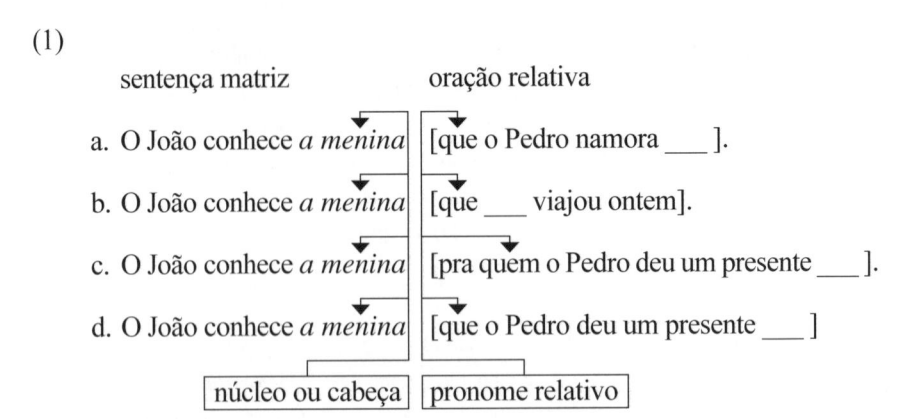

sentença matriz | oração relativa
a. O João conhece *a menina* [que o Pedro namora ___].
b. O João conhece *a menina* [que ___ viajou ontem].
c. O João conhece *a menina* [pra quem o Pedro deu um presente ___].
d. O João conhece *a menina* [que o Pedro deu um presente ___]

núcleo ou cabeça | pronome relativo

As sentenças em (1) são exemplos de relativas que têm o seu núcleo ou cabeça ('a menina') na sentença matriz, onde esse DP é o objeto do verbo 'conhece'; na sentença encaixada temos um pronome relativo, que é idêntico em forma ao complementizador 'que' em (1a, 1b) mas tem forma diferente dele em (1c), parecendo-se aí mais com um sintagma WH (como o que aparece em uma pergunta do tipo 'pra quem o Pedro deu o presente?'). (1d) é a forma mais usual no português brasileiro da relativa apresentada em (1c), conhecida como "relativa cortadora". Observe que, na frase subordinada, o DP relativizado (retomado pelo pronome relativo 'que' ou 'quem') pode ter várias funções gramaticais: ele é complemento DP do verbo 'namora' em (1a), é sujeito da sentença encaixada em (1b) e é complemento PP do verbo bitransitivo, 'dar', em (1c) e em (1d) – dito de outro modo, nas orações relativas o pronome 'que' (e suas variações) faz as vezes de 'a menina' (que estamos chamando de "cabeça da relativa") e pode desempenhar diferentes funções gramaticais (objeto, sujeito etc.).

Do mesmo modo, a cabeça da relativa, que pode ser o complemento DP do verbo da oração matriz, também pode ser o sujeito dessa sentença, como vemos em (2):

(2) a. *A menina* [que o Pedro namora ___] conhece o João.
 b. *A menina* [que ___ viajou ontem] conhece o João.
 c. *A menina* [pra quem o Pedro deu um presente ___] conhece o João.
 d. *A menina* [que o Pedro deu um presente ___] conhece o João.

Ora, não é difícil ver que a cabeça da relativa pode ocupar a rigor qualquer posição sintática na sentença matriz (sujeito, objeto DP, objeto PP...) e que o pronome relativo pode se relacionar também com qualquer posição da sentença encaixada, não? Muito bem. Como garantir que a criança tem acesso a toda a tipologia de combinações possíveis de posições matrizes e encaixadas? Será que nós ouvimos alguma vez na nossa infância uma sentença relativa que tivesse a cabeça ocupando a posição de um complemento preposicional (isto é, o objeto indireto) na frase matriz, mas fosse o complemento de um nome na sentença encaixada? Seria alguma coisa como 'a minha vizinha gostava da praça que eu tinha uma baita visão lá da minha janela'. Será? Pode ser que sim, pode ser que não. Não há como garantir, certo?

Esse é o primeiro sentido no qual o *input* é pobre: ele não é completo, e não há como garantir que ele seja completo. No entanto, qualquer um de nós, falantes nativos de português brasileiro, sabemos como montar qualquer sentença relativa. Como nós construímos esse conhecimento? Não deve ter sido só ouvindo essas sentenças no *input*! Claro, é possível que mecanismos gerais de analogia possam dar conta desses fatos, mas não podemos ignorar que esses fatos de língua são bastante específicos e que não é muito claro como mecanismos gerais de analogia poderiam dar conta deles sem sobregerar os dados, produzindo, entre as sentenças aceitáveis, sentenças que não existem nem em português nem em qualquer outra língua.

O *input* além de pobre (no sentido de não ser completo) é degradado, ou seja, contém inúmeras imperfeições, típicas da situação de fala. É comum gaguejarmos, começarmos uma estrutura, lá no meio desistirmos dela e mudarmos de rota, continuando de uma forma completamente diversa. É comum tossir de repente no meio do enunciado, parar de falar no meio da frase porque o barulho está muito grande, tropeçar em alguma palavra, depender fortemente do contexto, deixando de pronunciar palavras e estruturas inteiras etc.

Adicionalmente, o *input* não é organizado para a criança como é o caso num curso de língua estrangeira. Quando aprendemos uma língua estrangeira em uma escola, a primeira lição só nos apresenta alguns verbos, todos no presente do indicativo. Será só algumas lições mais tarde que teremos acesso aos verbos no passado, por exemplo. Para a criança aprendiz de primeira língua, por outro lado, não há organização desse tipo: usamos todos os tempos e modos verbais de qualquer verbo segundo a necessidade do que vamos falar, sem a preocupação de não "dificultar" a nossa fala.

É verdade que existe uma forma de falar com os bebês que é "simplificada" e, portanto, supostamente "organizadora" do *input*. É o chamado "paiês", também conhecido por "manhês" ou ainda "maternês", traduções do inglês *motherese*, que tem características bem especiais:

(i) a fala é acompanhada de sorriso, o que já muda parcialmente a posição dos órgãos fonadores da boca;
(ii) o tom é mais agudo; a entoação e o acento (lexical e frasal) são mais marcados;
(iii) os enunciados são constituídos em geral apenas de sentenças matrizes, com pouca ou nenhuma subordinação;
(iv) usa-se em geral a terceira pessoa do singular para falar com a criança – 'o nenê quer água?' –, não o pronome de segunda pessoa: 'você (ou tu) quer água?';
(v) as palavras adquirem uma forma especial: reduplicamos uma das sílabas da palavra existente (em geral, a sílaba tônica: 'pepeta' por 'chupeta', 'dedera' por 'mamadeira') ou criamos palavras via reduplicação de sílabas diferentes das sílabas da palavra original ('nana(r)', 'papa(r)', 'xixi', 'cocô'...);
(vi) como mostram os exemplos em (v), o vocabulário utilizado em geral recobre apenas o universo imediato da criança.

Há quem pense que esse modo de falar com as crianças seja uma maneira de organizar um pouco o *input* e, portanto, auxilie na aquisição da linguagem. No entanto, há muita variação nas sociedades com respeito ao modo como se fala com as crianças, isto é, o maternês não é um fenômeno universal. O fato de não haver universalidade na maneira de falar com as crianças não permite atribuir ao maternês um papel crucial no desenvolvimento dos aspectos universais da aquisição.

Além disso, sob certos aspectos, é possível que esse modo de falar com as crianças constitua na verdade um *input* ainda mais degradado para elas. Por exemplo, o fato de muitas das palavras desse vocabulário exibirem reduplicação ('papá', 'pepeta' etc.) poderia levar a criança a crer que este é um processo produtivo da morfologia do português brasileiro. Mas esse não é o caso: não fazemos operações morfológicas nessa língua usando a reduplicação. Observe que a estrutura dessas palavras reproduz em parte a estrutura do balbucio da criança, o que pode querer dizer que o adulto é que passa a produzir as palavras como a criança, e não o contrário – já houve quem observasse que o maternês é muito mais uma necessidade do adulto por empatia na comunicação do que da criança por um *input* mais claro...

Finalmente, como observa Avram (2003), e aqui chegamos ao ponto central da discussão, não há nada em sentenças simples, palavras com reduplicação ou tom mais agudo que forneça informações mais precisas à criança sobre que tipos de estruturas são ou não possíveis na sua língua materna. Esse é o verdadeiro problema do *input*: ele não fornece (e não tem como fornecer) informações sobre o que não é possível na língua, mas todos nós, falantes de uma língua natural, sabemos intuitiva e claramente o que é possível ou não em nossa língua.

Vamos dar um exemplo pra tornar tudo isso mais claro. Considere a distribuição de pronomes – como 'eu' ou 'ele' – e expressões-R(eferenciais) – como 'o João' ou 'a mesa' – nas sentenças do português, um assunto que exploraremos largamente no nosso último capítulo. Observe (3) a seguir:

(3) a. O João$_i$ disse que ele$_{i/k}$ viajou no feriado.
b. Ele$_{*i/k}$ disse que o João$_i$ viajou no feriado.

Se a expressão-R é o sujeito da sentença matriz e o pronome é o sujeito da sentença encaixada, como em (3a), o pronome pode tanto ter a mesma referência no mundo que a expressão-R (traduzida aqui pelo mesmo índice referencial, *i* nos exemplos) quanto exibir uma referência diferente (traduzida pelo índice referencial *k*). Assim, (3a) tanto pode significar que o João$_i$ disse que ele mesmo, João$_i$, viajou no feriado quanto o João$_i$ disse que uma outra pessoa, por exemplo, o Pedro$_k$, viajou no feriado. Porém, quando o pronome é o sujeito da sentença matriz e a expressão-R é o sujeito da sentença encaixada, como em (3b), o pronome não pode mais portar o mesmo índice referencial que a expressão-R, e assim a sentença (3b) só pode significar que ele, Pedro$_k$, disse que o João$_i$ viajou no feriado, certo? Dito de outro modo, 'ele' e 'o João' em (3b) não podem se referir à mesma pessoa, ao passo que isso é fundamentalmente possível em (3a).

Observe que a questão não é de mera precedência linear; por isso não pode ser resolvida por algum princípio semântico-pragmático geral que diria que o que é mais informativo (o nome) deve vir antes do que é menos informativo (o pronome), porque uma sentença como (4) é perfeita em qualquer das suas interpretações:

(4) Quando ele$_{i/k}$ foi preso, o João$_i$ estava completamente bêbado.

Isso quer dizer que o que está em jogo é a relação hierárquica em que se encontram 'o João' e 'ele'. A pergunta agora é: como nós sabemos disso? Como aprendemos isso?

Vamos explicitar ao máximo as afirmações que estamos fazendo, usando os passos de argumentação feitos de Crain e Lillo-Martin (1999). O que os dados em (3) e (4) nos mostram é que há certas impossibilidades de formação de sentenças (com certas interpretações) que não podem ser deduzidas de alguma lei mais geral de cunho não diretamente linguístico; elas devem ser formuladas em termos de hierarquias sintáticas. Vamos chamar a esse tipo de proibição de **restrição**. Uma restrição é, portanto, uma formulação negativa (tal coisa *não* é possível). O único modo de chegarmos a aprender uma restrição seria obter esse tipo de informação ou por meio de evidência negativa (isto é, alguém que falasse a frase com a interpretação proibida, mas em seguida se desculpasse pelo erro e formulasse outra frase com a interpretação pertinente) ou por instrução específica (isto é, com o pai ou a mãe dizendo: "escute bem, meu filho: não é possível atribuir a mesma referência ao pronome e ao nome numa construção como 'ele disse que o João viajou'"). Dado que nós não temos acesso a dados negativos de nenhum tipo, menos ainda a instruções com esse grau de sofisticação de análise gramatical durante a fase de aquisição de linguagem (e muitas vezes nem depois dela), não temos como ter aprendido, por meio de alguma instrução formal, as restrições que pesam sobre a nossa língua materna. Somando a isso o fato de que não é claro como mecanismos gerais de analogia poderiam dar conta desses fatos, a hipótese mais razoável, então, é que essas restrições sejam, de alguma maneira, inatas.

Ilustremos com mais um exemplo. Considere as duas perguntas em (5), em que o sintagma interrogativo 'o que' é interpretado como objeto direto do verbo 'ver'. Em português brasileiro, como já sabemos, a posição canônica para o objeto direto é logo depois do verbo. No entanto, nessas perguntas, 'o que' aparece no começo da sentença. Dizemos que, nesses casos, o elemento interrogativo se moveu da posição de objeto direto para o início da sentença, como o traço após o verbo indica em (5a). Observe que o elemento interrogativo pode se mover para o início da sentença mesmo que ele seja o objeto direto do verbo que se situa na oração subordinada, como em (5b). Não há limites para esse movimento: o objeto pode sair até mesmo de uma segunda oração subordinada, como mostra (5c):

(5) a. O que o João viu __?
b. O que o João disse que a Maria viu __?
c. O que o João disse que a Maria acha que o Pedro viu __?

Além das estruturas em (5), temos a alternativa de deixar o sintagma interrogativo *in situ*, ou seja, no lugar em que é interpretado, e isso é possível tanto na sentença simples, que agora vemos em (6a), quanto nas sentenças complexas, que agora vemos em (6b, 6c):

(6) a. O João viu o quê?
b. O João disse que a Maria viu o quê?
c. O João disse que a Maria acha que o Pedro viu o quê?

No entanto, nem sempre é o caso de termos as duas possibilidades – mover o sintagma interrogativo para o início da sentença ou não. Em certos casos, esse movimento é proibido, como mostra o contraste em (7):

(7) a. * O que o João conheceu a menina que viu?
b. O João conheceu a menina que viu o quê?

Perguntas como (7a), com movimento do sintagma interrogativo 'o que', são impossíveis não só em PB, mas em qualquer língua em que o movimento do sintagma interrogativo em construções como (5) é atestado. Esse fato é bastante intrigante, porque, como mostrou (5b, 5c), parece ser possível mover o sintagma interrogativo de uma posição que fica dentro da oração subordinada. Por que, então, esse movimento não é permitido no caso de (7a)? Veja que o problema é estritamente sintático e tem relação com a estrutura gramatical em que está o sintagma interrogativo, e não com a semântica da pergunta, já que a contraparte dessa mesma pergunta sem o movimento, ou seja, com o sintagma interrogativo *in situ*, é gramatical.

Para entendermos o que está acontecendo, é necessário primeiramente notar que a pergunta "proibida" em (7a) envolve o tipo de oração que vimos nos exemplos (1) e (2), que são as assim chamadas orações subordinadas adjetivas restritivas da gramática tradicional, aqui renomeadas como sentenças relativas. Por outro lado, as perguntas permitidas a partir de uma sentença encaixada em (5b, 5c) são sentenças completivas – as assim chamadas orações subordinadas substantivas objetivas diretas pela gramática tradicional. Podemos colocar lado a lado as duas estruturas em (8) abaixo:

(8)   a. * O que o João conheceu a menina [que viu ___]?
      b. O que o João disse [que a Maria viu ___]?

No caso de (8a), o sintagma interrogativo está saindo de dentro de uma oração relativa, que é uma oração adjunta a um nome; no caso de (8b), ele sai de dentro de uma oração subordinada, que é um complemento do verbo da oração matriz. Apesar de os dois casos envolverem orações subordinadas, elas são de tipos diferentes e existe uma restrição quanto à realização de movimento para fora de orações relativas (na verdade, a proibição abrange todos os adjuntos). Essa restrição é universal, ou seja, está presente em todas as línguas.

Para nós, a pergunta interessante é: como as crianças aprendem isso? Como é que, enquanto adultos, quando confrontados com perguntas como (7a), temos todos a mesma reação de achá-la anômala? Essa restrição não nos foi explicitamente ensinada e não poderíamos ter chegado à conclusão de que ela é impossível através de analogia, já que sentenças bastante similares, como (5b), são possíveis. Por conta desses fatores, temos aqui mais uma evidência para a visão racionalista, que postula que uma parte do conhecimento linguístico é geneticamente determinada. Dito de outro modo, a restrição sobre a impossibilidade de movimento de um sintagma interrogativo para fora de orações relativas teria de estar, de algum modo, codificada no conhecimento que é geneticamente determinado.

Devemos notar ainda que o *input* só dispõe de dados positivos, ou seja, de sentenças bem formadas, que não ferem as regras gramaticais de uma língua. Mesmo quando fazem erros de construção, raramente os adultos fazem qualquer correção explícita. Com certeza você já ouviu coisas como 'é que as meninas... quer dizer, ele passou na casa da Ana e a Maria estava lá então ele pensou que...' em que claramente a sentença que contém 'as meninas' está inacabada e é abandonada pelo falante, que rapidamente emenda outra sentença e continua o seu turno. Nenhum adulto se corrige ou avisa de algum modo que cometeu um erro gramatical ali. O que os adultos fazem, na melhor das hipóteses, é refazer a estrutura, dizendo aquilo de outra forma. E esse fato só agrava as coisas: a rigor, o problema que a criança encontra com respeito aos dados do *input* é ainda mais sério do que se poderia pensar, por conta dos erros de desempenho do falante (por razões de cansaço ou atenção, por exemplo). Atribui-se a Noam Chomsky a observação de que a criança aprendendo língua está na mesma posição de alguém que quer aprender a jogar xadrez apenas vendo dois jogadores jogarem, mas de vez em quando um deles faz um movimento impossível (anda com a torre na diagonal, por exemplo) sem se desculpar com o outro jogador, que não reclama porque também ele, de vez em quando, faz jogadas proibidas como essa.

Depois dessa excursão sobre a complexidade das regras gramaticais e de como o *input* não contém todas as informações linguísticas necessárias para depreendermos as regras de uma gramática, podemos voltar ao problema de Platão, transplantado para a Linguística: como é possível que a criança saiba tudo o que ela sabe com respeito à gramática da língua se ela dispõe de informações que, mesmo sendo abundantes em quantidade, são de qualidade tão questionável? Não se trata apenas da incompletude dos dados ou dos eventuais erros de desempenho dos adultos que a cercam; o ponto fundamental é a ausência da informação crucial para que a criança seja capaz de emitir julgamentos de gramaticalidade, o que ela fará normal e naturalmente ao final do processo de aquisição. E apenas observando os dados e fazendo uso de mecanismos de analogia e generalização gerais da inteligência humana não será possível construir o conjunto de restrições sobre formas e significados que o adulto conhece em sua língua.

A resposta dada por Platão, novamente transplantada para a modernidade linguística, é a base da hipótese racionalista que defendemos aqui: a criança atinge tão rapidamente e tão perfeitamente o estágio de conhecimento que os adultos têm da gramática da língua porque numa larga medida ela já sabe o que encontrará na língua. Ela não tem que explorar o vasto campo das possíveis hipóteses que um mecanismo geral como a analogia forneceria; ao contrário, como muito do que é possível ou não nas línguas já está dado em seu código genético, o espaço de procura que ela tem é, na verdade, pequeno e é por isso que, afinal, ela faz tão poucos erros no curso da aquisição. A maneira exata de implementar essa ideia será o tópico da nossa próxima seção.

Para concluir a discussão aqui talvez valha a pena insistir num ponto: a aquisição do léxico é muito diferente da aquisição da sintaxe. Não se trata de simplicidade, porque não é trivial explicar como a criança aprende o significado de palavras que não têm referência concreta, como os nomes abstratos ou os verbos. No entanto, para a aquisição do léxico, é evidente que o *input* não é pobre, porque com respeito às palavras não derivadas só podemos saber alguma coisa delas se as ouvimos alguma vez na vida, produzidas em algum contexto, e assim esse conhecimento não pode ser inato (ainda que o formato do léxico deva sê-lo em alguma medida). Observe que, com respeito às palavras derivadas, que colocam em jogo um conhecimento mais propriamente gramatical, como o conhecimento morfológico, a criança é capaz de criar formas que nunca ouviu com base no conjunto de regras que rege a morfologia da língua. Como no campo da sintaxe, na morfologia também a criança é criativa: ela é capaz de expressar pensamentos inusitados fazendo uso de mecanismos linguísticos sofisticados; por exemplo, quando vai tomar o leite, que está muito quente, e o adulto lhe diz: "Cuidado que 'tá quente!", a criança, aos 3 anos e 11 meses, responde: "Então 'diquenta'!"

4. O MODELO DE PRINCÍPIOS E PARÂMETROS E O PAPEL DO *INPUT*

Acabamos de discutir longamente um dos grandes argumentos para a hipótese racionalista, que assume um programa genético comum a toda a espécie humana como sendo responsável pela aquisição das propriedades constitutivas mais profundas das línguas, ou das estruturas linguísticas. Ora, isso implica que os dados primários aos quais a criança tem acesso – o *input* linguístico – não são decisivos para a determinação das propriedades constitutivas da língua que a criança está aprendendo. Se é assim, qual é o papel do *input* para a aquisição nessa maneira de ver as coisas? Dito de outro modo, se há algo inato, que papel o *input* desempenha na aquisição?

Essa questão é ainda mais relevante quando retomamos uma diferença apontada em Chomsky (1986) – e retomada posteriormente por um sem-número de autores – que diz respeito à diferença entre **língua-I** (interna, intensional) e **língua-E** (externa, extensional).

> *Intensional e extensional*
>
> O termo técnico **intensional** (com 's') aqui quer dizer que estamos falando da gramática, isto é, da especificação de um conjunto de regras ou princípios que permitem gerar um

conjunto de construções gramaticais (palavras derivadas, sentenças). Este termo se opõe ao termo **extensional**, que aqui faz referência às sentenças geradas pela **língua-I**. Para ficar mais claro o que esses termos querem dizer, vamos dar um exemplo de fora da Linguística. Um conjunto de números, por exemplo, pode ser definido extensionalmente, caso em que podemos listar todos os seus membros: {2, 4, 6, 8}. Esse mesmo conjunto, no entanto, pode ser definido intensionalmente, quando fornecemos a regra que dá todos os números pertencentes ao conjunto: "os números pares entre 2 e 8".

Para Chomsky, o verdadeiro objeto de estudo da teoria gramatical deve ser a língua-I, aquela que está internalizada pelo falante e que subjaz a toda produção linguística dele; a língua-E (que é afinal o que é o português, o inglês ou o turco) são manifestações sociais, quando muito, da língua-I e não possuem o mesmo estatuto teórico. O *input* é da ordem da língua-E, mas o que a criança está desenvolvendo dentro de si é a língua-I. Assim, não é esperada nenhuma relação muito estreita entre *input* e aquisição.

Para entendermos melhor esses conceitos, vamos lançar mão de uma comparação entre o desenvolvimento da linguagem e o desenvolvimento de outras faculdades humanas biologicamente determinadas, como a capacidade de andar. Trivialmente, se a criança for mantida em um ambiente em que não possa se sentar, engatinhar ou ficar em pé, é bem pouco provável que ela consiga desenvolver sua habilidade para andar. Mais sério ainda: se as habilidades para sentar, engatinhar e pôr-se de pé não forem desenvolvidas num tempo apropriado, que é bastante cedo na vida da criança, há muitas chances de que seus músculos e nervos se atrofiem e ela não possa desenvolver mais essas habilidades normalmente. Como vimos no capítulo precedente, esse também é o caso das línguas humanas, que não se desenvolvem perfeitamente se, durante a primeira infância, a criança não tiver acesso a *input* de alguma língua humana. Portanto, uma coisa é certa: o *input* é necessário para pôr em marcha o processo de aquisição de uma língua.

Chomsky tem uma metáfora já antiga, mas muito bonita: se você plantar uma margarida, é preciso que ela receba água e sol e que a terra tenha nutrientes suficientes para que ela se desenvolva; mas o que vai nascer ali, de acordo com o código genético da semente que você plantou, é uma margarida, não uma rosa. Não adianta você tratar a muda de margarida como se fosse de rosa (regando com água bem fria, por exemplo), porque isso não vai fazer com que nasça ali uma rosa. Sem as condições mínimas, não vai nascer nada ali; mas se nascer, pode apostar que é margarida! Ou seja, não é porque a linguagem é inata que ela vai se desenvolver automaticamente. Da mesma forma que a semente de margarida precisa de terra, água e sol pra se desenvolver e se tornar uma margarida, assim também a linguagem precisa de um *input* para se desenvolver na criança. Apenas a parte inata não é suficiente. Ela é condição necessária, mas não suficiente para que a aquisição ocorra.

É importante frisar esse ponto porque a visão social da linguagem é muito forte na nossa cultura e nos faz pensar que as propriedades últimas que as línguas humanas têm dependem fundamentalmente de elas serem usadas para o que são, isto é, para a comunicação. Nós estamos aqui defendendo uma ideia completamente diferente: as línguas humanas têm as propriedades que têm porque nós somos o bicho homem e o nosso código genético é tal que determina um conjunto específico de características para as línguas naturais, e não outro. Claro, com essas características, as línguas humanas têm se provado relativamente eficientes para a comunicação, como já vimos no capítulo "A capacidade linguística de adultos e crianças", mas não são as condições de comunicação que determinam as propriedades das línguas, são as línguas que têm propriedades tais que podem ser assim empregadas na comunicação.

Isso posto, podemos avançar para a próxima questão que provavelmente você já está se colocando: se as línguas são todas determinadas pelo nosso código genético e se o nosso código genético é fundamentalmente o mesmo para toda a espécie humana, como é que as línguas humanas são tão diferentes umas das outras? Por que, afinal, não falamos todos uma única e mesma língua?

Vamos começar retomando e aprofundando uma diferença que nós já apontamos várias vezes, mas que sempre deve ser frisada: sob o ponto de vista do léxico (isto é, do vocabulário da língua), aparentemente as línguas são diferentes, e isso depende pelo menos em parte da cultura com a qual ela se integra (nas línguas dos esquimós existem muitas palavras para traduzir o que entendemos simplesmente por "branco" e isso supostamente tem a ver com o universo imediato deles). Dizemos que "aparentemente as línguas são diferentes" porque pelo menos um certo formato geral do léxico deve ser partilhado por todas as línguas – todas elas, por exemplo, têm itens que apresentam propriedades daquilo que chamamos *verbo*, itens que partilham propriedades do que chamamos *nome* etc.

Porém, com respeito aos aspectos mais propriamente gramaticais, as línguas são muito mais semelhantes do que pode parecer à primeira vista, porque partilham certas propriedades profundas como a que vimos em (3). Vamos retomar em (9) a seguir um dos exemplos dados em (3):

(9) O João$_i$ disse que ele$_{i/k}$ viajou.

Essas possibilidades de correferência ou não que se observam em português são também observadas em inglês, em katukina, em turco, em walpiri e em todas as outras línguas que conhecemos. Trata-se de um fenômeno universal, que na teoria que estamos adotando aqui é denominado **princípio**. Princípios são, portanto, leis universais respeitadas por todas as línguas humanas. Por outro lado, sabemos que há variação entre as línguas em certos pontos; por exemplo, sentenças do tipo de (9) podem apresentar variação na realização fonética da posição sujeito da sentença encaixada em diferentes línguas: (9) se realiza como (10a) em inglês, em que o pronome deve ser lexicalmente realizado por '*he*', mas (9) tem a forma (10b) em italiano, onde o pronome deve ser realizado por uma categoria vazia ou não pronunciada (marcada em (10b) por *ec*) nesse contexto gramatical:

(10) a. John$_i$ said that he$_{i/k}$ has travelled.
b. Gianni$_i$ ha detto che *ec*$_{i/k}$ ha viaggiato.

Uma maneira de codificar esse tipo de variação é por meio da noção de **parâmetros**, que serão, portanto, responsáveis por certo tipo de variação que encontramos entre as línguas. Por isso a teoria que adotamos aqui é chamada de **Teoria de Princípios e Parâmetros**. Em outras palavras, todas as línguas obedecem a certos princípios universais e constitutivos, mas elas podem variar com relação a alguns parâmetros; essa explicação dá conta de maneira elegante, a um só tempo, dos aspectos linguísticos universais e da variação entre as línguas.

Mas saber que os parâmetros respondem pela variação entre as línguas não é muito instrutivo se não soubermos o que pode ser um parâmetro, isto é, exatamente que tipo de variação nas línguas pode ser tratado desse modo. Vamos dar um exemplo para deixar claro do que estamos falando. Nessa discussão dos exemplos em (10) está em jogo um princípio, que é o chamado Princípio de Projeção Estendido. Esse princípio garante que toda sentença tem sujeito. Portanto, mesmo não vendo nada ali, como no caso de (10b), somos levados a dizer que alguma coisa ocupa esse lugar e chamamos essa coisa não pronunciada de categoria vazia. Observe que esse lugar aparentemente vazio pode veicular duas interpretações diferentes, o que é uma evidência semântica de que algo está ali.

O tipo de variação que vemos entre os exemplos do inglês e do italiano em (10) é propriamente gramatical, porque sob o ponto de vista semântico as línguas não parecem diferir nas possibilidades de interpretação, como mostram os índices referenciais ali presentes. Portanto, essa variação pode ser tratada por meio de um parâmetro.

Esse é um dos parâmetros mais conhecidos (e também mais controversos, diga-se de passagem): o Parâmetro do Sujeito Nulo. Esse parâmetro cuida especificamente do preenchimento lexical obrigatório ou não da posição de sujeito nas línguas. Ele pode ser resumido em uma pergunta: a língua tem sujeito lexicalmente realizado de maneira obrigatória ou não? O inglês responde "sim", e por isso deve apresentar algum material lexical preenchendo a posição de sujeito mesmo quando não teria nenhuma razão semântica para pôr algo ali, como no caso dos verbos meteorológicos que vemos em (11a); por outro lado, o italiano responde "não" a essa mesma pergunta, e assim pode permitir tanto (10b) quanto (11b), sentenças que exibem uma categoria foneticamente vazia nessa posição:

(11) a. It rains.
     b. ___ piove.
     "Chove"

Esta rápida discussão já mostra uma coisa sobre o formato que gostaríamos de dar para os parâmetros: o ideal é que eles tenham uma formulação binária, isto é, que eles sejam perguntas que admitem como respostas apenas "sim" ou "não", porque formulados dessa maneira entendemos imediatamente como as crianças chegam tão rapidamente a falar perfeitamente a língua que se fala ao redor dela. Observe qual é a tarefa da criança aqui: ouvir sentenças matrizes e encaixadas na sua língua (abundantes no *input*!) e decidir se a posição de sujeito sempre apresenta conteúdo lexical ou não – se sim, a criança deve falar uma língua como o inglês, por exemplo, e, se não, uma língua como o italiano.

Contudo, note que, se qualquer tipo de variação nas línguas puder ser um parâmetro (isto é, se a cada tipo de variação corresponder um parâmetro específico), nós não teremos avançado muito na nossa compreensão de como a criança adquire tão rápida e perfeitamente a sua língua, porque seriam necessários muitos anos olhando cada propriedade superficial da língua para saber o valor de cada um dos milhares de parâmetros que então deveriam existir. De fato, pensando bem, a história não pode ser essa... E, na verdade, não é, porque o que efetivamente vemos nas línguas é que certos conjuntos de propriedades formam um feixe: por exemplo, as mesmas línguas que exibem sujeito nulo, como o italiano ou o espanhol, exibem também inversão do sujeito (isto é, o sujeito pode aparecer à direita da sentença), como mostram (12a, 12b); por outro lado, as línguas que não admitem sujeito nulo, como o inglês e o francês, por exemplo, também não admitem inversão do sujeito, como se vê pela agramaticalidade de (12c, 12d):

(12) a. È arrivato Gianni.   c. *Has arrived John.
     b. Llegò Juan.   d. *Est arrivé Jean.
       "Chegou o João"

Hum, a coisa está ficando bem interessante, não? O que queremos de um parâmetro, então, é que a sua formulação seja de tal modo abstrata que com um só parâmetro consigamos responder por várias propriedades superficiais que as línguas podem exibir – sujeito nulo, inversão do sujeito... Assim, ao escolher como resposta para um dado parâmetro "sim" ou "não", a criança terá na verdade decidido sobre um grande feixe de propriedades gramaticais que "vão junto", e sua tarefa é então simples porque (i) o número de parâmetros seria reduzido e (ii) a resposta a cada um dos parâmetros (e do feixe de propriedades que cada um engloba) seria "sim" ou "não".

Mas, afinal, que formulação abstrata poderíamos dar para o Parâmetro do Sujeito Nulo? Uma intuição já antiga, que se encontra até mesmo na gramática tradicional, é a de que apenas línguas que contam com um paradigma morfológico "rico", isto é, com um certo número de desinências distintas para representar as diferentes combinações dos traços de número (singular e plural) e pessoa (1^a, 2^a e 3^a) presentes no paradigma verbal, aceitam uma categoria vazia na posição de sujeito; línguas com um paradigma verbal "pobre", isto é, com poucas desinências distintas para representar esse mesmo conjunto de combinações, não são capazes dessa proeza. Compare em (13) os paradigmas verbais do inglês e do italiano:

(13) Paradigma do presente do indicativo do verbo "comer" – "*to eat*" e "*mangiare*":

    a. I eat   b. (io) mang<u>io</u>
       you eat   (tu) mang<u>i</u>
       he/she eat<u>s</u>   (lui/lei) mang<u>ia</u>
       we eat   (noi) mang<u>iamo</u>
       you eat   (voi) mang<u>iate</u>
       they eat   (loro) mang<u>iano</u>

Como você pode facilmente perceber, apenas o italiano dispõe de seis desinências distintas que correspondem às seis combinações possíveis dos traços de número e pessoa. Desse modo, a flexão é capaz de recobrir o conteúdo da categoria vazia em posição de sujeito, permitindo que ela seja nula – em outras palavras, a morfologia já responde sozinha pelas propriedades gramaticais do sujeito (qual pessoa está em jogo e se é singular ou plural). Por outro lado, o inglês possui uma só desinência, o que faz com que o paradigma como um todo seja pobre demais para poder recobrir o conteúdo de uma eventual categoria vazia na posição de sujeito, razão pela qual esta posição deve ser sempre preenchida por algum conteúdo lexical (um pronome ou um DP). Dito de outro modo, se topamos com a forma "*eat*", saberemos apenas que não se trata da terceira pessoa do singular, mas não sabemos de qual forma se trata; por outro lado, diante da forma italiana "*mangi*", sabemos imediatamente, e sem qualquer dúvida, de qual pessoa se trata: 2ª pessoa do singular.

Observe que já temos três propriedades correlacionadas: (i) sujeito nulo, (ii) inversão do sujeito e (iii) conteúdo da flexão revelado pela morfologia verbal. Em teoria gerativa, a morfologia verbal é vista como a expressão de uma categorial funcional independente do verbo, que tem uma relação estreita com o sujeito na sentença (por exemplo, a flexão verbal concorda com o sujeito). Esta categoria gramatical, chamada de "I" (que vem do inglês *Inflection*) pela teoria que adotamos aqui, é considerada o lugar da variação – os paradigmas verbais em (13) são bem diferentes entre si, não é verdade? Assim, chegamos a uma segunda característica dos parâmetros: além de serem propriedades binárias (a primeira característica deles), eles devem se relacionar com alguma categoria funcional (já que as categorias lexicais, como nome e verbo, são mais ou menos uniformes entre as línguas e a variação nessas categorias costuma ser mais associada com outras propriedades da linguagem, como aquelas ligadas à cultura, por exemplo).

Nesse ponto da discussão, podemos tentar dar uma formulação para o nosso Parâmetro do Sujeito Nulo olhando para a categoria funcional I. Vamos dizer assim: a flexão das línguas humanas (isto é, seu nódulo I) pode ter um caráter [+pronominal] ou [-pronominal]. Uma língua que tem um paradigma verbal como o do italiano exibe o valor [+pronominal], enquanto uma língua com um paradigma verbal como o do inglês exibe o valor [-pronominal]. Dito de outro modo, em italiano a flexão vale por um pronome, digamos, enquanto em inglês isso não é verdade, e por isso o inglês precisa de um pronome lexicalmente realizado na posição de sujeito.

> Categorias funcionais são as categorias gramaticais responsáveis pelo funcionamento interno da língua; em geral constituem um grupo fechado (isto é, com um número de elementos pequeno e fixo na língua) e não possuem conteúdo semântico que remeta ao mundo natural ou social. São, portanto, exemplos de categorias funcionais os determinantes (artigos, pronomes demonstrativos...), os complementizadores (conjunções dos mais variados tipos, mas também pronomes relativos) e as flexões verbais (tanto as de tempo e modo quanto as de número e pessoa). As categorias funcionais se distinguem das categorias lexicais, que englobam os nomes e os verbos, por exemplo. Os membros das categorias lexicais possuem, em geral, maior conteúdo semântico que os membros das categorias funcionais. Além disso, as categorias lexicais são abertas, no sentido de ser sempre possível criar ou adicionar novos elementos ao conjunto. Por exemplo, novos verbos são criados rotineiramente, como 'tuitar', 'blogar', 'postar' etc. O mesmo vale para nomes, como 'tuiter', 'blogue' etc.

E como a criança reconhece que valor tem o Parâmetro do Sujeito Nulo na sua língua? Bom, isso já é uma outra discussão...

Para abordar essa questão, vamos usar aqui uma metáfora, de autoria da professora Dra. Ruth E. Vasconcellos Lopes. O problema com que a criança se defronta para fixar o valor de um parâmetro é similar ao que nós temos quando compramos um aparelho eletroeletrônico (um secador de cabelo ou um micro-ondas) e vamos ligá-lo na tomada. Normalmente tem uma chavinha no aparelho: de um lado dela está escrito "220V", do outro está escrito "110V". Pode ser que a chavinha venha posicionada no meio, isto é, nenhum dos dois valores está acionado, mas daí se a gente ligar não acontece nada, o aparelho não funciona... Temos então que escolher uma das duas opções para poder usar o aparelho. Qual é a voltagem na sua região? Alguém que mora na região é que deve informar isso a você, porque só olhando pra tomada você não vai saber. Se na sua região a voltagem é 220V, escolhendo a posição 110V seguramente você vai queimar o aparelho (o caso contrário, isto é, ligar o aparelho 220V na tomada 110V talvez não estrague o aparelho, mas é provável que ele simplesmente não funcione).

Vejamos como essa metáfora nos ajuda a entender o problema da criança frente à fixação de parâmetros. Não sabemos bem como estão os parâmetros logo no início da aquisição, mas uma coisa é certa: se estão na posição neutra, nada vai funcionar! A criança vai precisar escolher um valor para os parâmetros e isso vai depender de qual é o *input* que ela tem. Em princípio, os dados que vão servir para a fixação do parâmetro devem ser abundantes, isto é, alguém estará dizendo ao lado dela qual é a voltagem da tomada das mais variadas formas. Vimos que, se um mesmo parâmetro é responsável por diferentes propriedades, a rigor a criança tem informações vindas de diferentes fontes, todas convergindo para o mesmo valor. Não é muito claro se a criança presta atenção a todas ou se existe uma delas (que chamamos de dado desencadeador ou "*trigger*") que vai ser a responsável pela fixação daquele parâmetro. Uma coisa, no entanto, é certa: essa informação tem que estar acessível bem facilmente nos dados (não pode depender de ser uma sentença relativa que tenha a cabeça ocupando a posição de complemento PP na frase matriz que é o complemento de um nome na sentença encaixada, como vimos no começo da seção anterior...). Curiosamente, as crianças parecem todas prestar atenção aos dados relevantes para a fixação do parâmetro mais ou menos na mesma época.

Essa discussão nos leva então a definir a *Gramática Universal* (doravante GU) como o conhecimento geneticamente determinado, que é composto por princípios gramaticais invariáveis em todas as línguas e por parâmetros, que apresentam opções de escolha, que são fixados durante o processo de aquisição. Dentro da nossa teoria, a GU é o estado inicial desse órgão do cérebro/mente chamado *faculdade da linguagem*, responsável pela aquisição da linguagem pelas crianças. Nós nasceríamos, todos, dotados de conhecimento especificamente linguístico, como o princípio que rege a interpretação de pronomes, como discutido no exemplo (3), ou o princípio de dependência de estrutura, discutido no capítulo "A capacidade linguística de adultos e crianças", ou, ainda, o princípio relacionado ao movimento de elementos WH em perguntas, como discutido em (7). Além disso, as opções de escolha disponibilizadas pelos parâmetros também estariam presentes para que as crianças fixassem os valores de acordo com o que ouvem a sua volta. Esse conhecimento seria anterior a qualquer experiência da criança com a língua e a auxiliaria no processo de aquisição. Por exemplo, ao ouvir uma sentença com concordância sujeito-verbo, a criança nunca formularia uma hipótese para concordância que não envolvesse relações estruturais. Uma regra sem relação estrutural nunca seria formulada, pois a criança sabe que regras têm de ser dependentes da estrutura. É nesse sentido que se diz que a GU *guia* a criança no processo de aquisição: algumas hipóteses logicamente possíveis são descartadas *a priori* porque não se conformam com a arquitetura que a GU impõe.

Nessa perspectiva teórica, portanto, a tarefa da criança adquirindo uma língua natural será adquirir os itens lexicais da língua e fixar os valores dos parâmetros. Contudo, agora a questão é: se a aquisição, nessa visão, envolve tarefas aparentemente tão simples, por que ela demora 5 anos para ser completada? Afinal, as respostas para os parâmetros são sempre "sim" e "não"... Duas propostas surgiram ao longo dos anos para responder a essa pergunta. A visão **maturacionista** defende que nem todos os princípios e parâmetros estão disponíveis para a criança quando ela nasce. Alguns deles maturariam com o tempo, em um cronograma predeterminado. Essa visão é defendida observando-se que o corpo humano passa por modificações ao longo do tempo. Os dentes das crianças, inexistentes no momento do seu nascimento, surgem por volta dos 6 meses. Aos 6 anos, eles caem e novos dentes surgem. Na adolescência, novas mudanças físicas ocorrem com meninos e meninas. Os maturacionistas propõem, então, que tal maturação ocorreria também com o cérebro e, assim, alguns princípios e parâmetros só surgiriam mais tarde. Isso explicaria por que a aquisição não é instantânea: a criança ainda não dispõe de todo o conhecimento necessário para adquirir uma língua logo ao nascer. Esse conhecimento surgiria aos poucos.

Por outro lado, a visão **continuísta** defende que todo o conhecimento linguístico (incluindo todos os princípios e os parâmetros não fixados) já está disponível para a criança ao nascer. Ela demoraria algum tempo para fixar os parâmetros porque isso depende de aquisição dos itens lexicais, incluindo as palavras funcionais, o que não é automático. A aquisição depende também de seu desenvolvimento cognitivo, além de necessitar de desenvolvimento de sua memória e habilidades de processamento, que melhoram com a idade. Além disso, para processar adequadamente uma sentença, a criança precisa entender seu conteúdo semântico e isso vai necessitar de conhecimento de mundo. Para os continuístas, é por conta dessa limitação em aspectos não linguísticos que a aquisição não seria instantânea. Contudo, só com mais pesquisas na área saberemos qual dessas alternativas está correta.

Como você pode ver, nós não temos respostas imediatas para todas as questões, mas o fato concreto é que nós conseguimos fazer perguntas muito mais acuradas e profundas do que fazíamos antes, e isso em ciência já é um ganho enorme!

5. RESUMINDO...

Neste capítulo, examinamos a argumentação que geralmente se apresenta em prol de uma hipótese racionalista para a aquisição da primeira língua pela criança. Começamos observando que a aquisição da linguagem é universal, no sentido de que todos os seres humanos adquirem igualmente bem uma língua natural, supostamente fazendo uso dos mesmos mecanismos internos, porque certos fenômenos, como a sobregeneralização de regras, ocorrem não apenas com crianças que aprendem a mesma língua, mas também com crianças que aprendem línguas diferentes. Dado que os fenômenos observados na aquisição são tais que seria impossível qualquer tipo de imitação ou instrução por parte dos adultos, a conclusão parece ser que o mecanismo responsável pela aquisição é inato, parte do nosso aparato biologicamente determinado.

A hipótese racionalista vê a linguagem como parte do programa genético dos seres humanos e assim certos estudiosos entendem que este é um processo com propriedades muito semelhantes ao processo de aprender a andar, por exemplo. Além da universalidade, também sua sequencialidade é muito clara. Vimos que a aquisição da linguagem pela criança não se dá instantaneamente, nem é diretamente dependente do tipo de *input* ao qual a criança tem acesso. Ao contrário, o que se observa é uma incrível uniformidade com respeito às fases pelas quais todas as crianças passam, independentemente da língua que estão aprendendo.

Examinamos detidamente um dos argumentos mais conhecidos em defesa da hipótese inatista, que é o argumento da pobreza do estímulo. Há vários sentidos em que podemos dizer que o *input* é degradado, mas o problema real é ele não fornecer informações sobre o que não é possível na língua. No entanto, todos os falantes de uma língua natural sabem o que é possível ou não nela. Assim, se esse tipo de conhecimento não é adquirido pela experiência, mas é anterior a ela, a conclusão é de que ele é geneticamente determinado.

Finalmente, dada essa conclusão sobre a qualidade do *input*, discutimos que papel ele pode ter numa teoria inatista. Adotamos a versão de Princípios e Parâmetros, segundo a qual a Gramática Universal (GU, o estado inicial da faculdade da linguagem) é composta por um conjunto de princípios, que são universais, e um conjunto de parâmetros, propriedades binárias associadas fundamentalmente a categorias funcionais que representam o lugar da variação nas línguas. O papel do *input* neste quadro é o acionamento de um dos valores para cada um dos diferentes parâmetros.

Examinamos, a título de exemplificação, um parâmetro bem conhecido na literatura da área, o Parâmetro do Sujeito Nulo, mostrando que os parâmetros associam várias propriedades aparentes na língua com base em uma única propriedade mais abstrata. Feito isso, apresentamos uma metáfora para o que deve ser o acionamento paramétrico feito pela criança. Com base nessa metáfora, discutimos outros problemas, como o dos dados relevantes para o desencadeamento do valor do parâmetro, que devem ser dados abundantes e facilmente acessíveis. Finalmente, mencionamos duas hipóteses sobre o funcionamento da GU: a hipótese maturacionista e a hipótese continuísta. Para os maturacionistas, nem todos os princípios e parâmetros da GU estão acessíveis para a criança desde o início por razões de maturação biológica, e é por isso que em suas fases iniciais a gramática infantil pode apresentar estruturas impossíveis na gramática adulta. Para os continuístas, por outro lado, as estruturas da gramática infantil são fundamentalmente as mesmas que se encontram nas gramáticas adultas. As diferenças observáveis podem ser devido a limites de processamento ou memória ou o desconhecimento de certos itens lexicais. Essa discussão ainda aguarda mais pesquisa e avanços teóricos para ser dirimida.

Leituras sugeridas

O livro de Costa e Santos (2003) é uma leitura agradável e não técnica; em particular o seu capítulo 2 é muito instrutivo para a discussão que este capítulo ensejou. O livro de Pinker (2002), *O instinto da linguagem*, também é um excelente material de divulgação e pode ser consultado para esclarecer alguns dos problemas que estamos abordando neste livro – é preciso dizer que a tradução para o português tem algumas falhas e seria melhor que o leitor pudesse acessar a obra em inglês. Finalmente, Crain e Lillo-Martin (1999) é uma boa introdução à Teoria Linguística e à Aquisição de Linguagem, embora seja mais técnico e esteja em inglês.

Você pode ter ficado curioso/a com respeito às habilidades linguísticas dos recém-nascidos. Estudos que tratam especificamente deste tema são: Christophe e Morton (1998), Mehler et al. (1988) e Moon, Cooper e Fifer (1993). Há também um vídeo interessante de Patrícia Kuhl sobre o mesmo tema em <http://www.ted.com/talks/patricia_kuhl_the_linguistic_genius_of_babies.html>.

Exercícios

1. Descreva sucintamente os estágios pelos quais passa uma criança aprendendo uma língua natural. Por que esses estágios são um argumento a favor da hipótese racionalista da aquisição?
2. Em que sentido(s) se pode dizer que o *input* é pobre?
3. Explicite a metáfora da chave de voltagem para a aquisição paramétrica.
4. O que é a GU? De que ela é composta?
5. Considere as sentenças a seguir:
   i. O João comeu pão com manteiga → ii. O que o João comeu __ com manteiga?
   iii. O João comeu pão e manteiga → iv. *O que o João comeu __ e manteiga?
   A partir de (i), podemos formular a pergunta correspondente em (ii). No entanto, se tentarmos o mesmo em (iii), obtemos a pergunta agramatical em (iv). Discuta esse caso malsucedido de analogia. O que ele sugere sobre a aquisição de linguagem?
6. Qual é a diferença entre princípios e parâmetros?
7. Por que a aquisição da sintaxe não é instantânea? Explique a posição dos continuístas e dos maturacionistas.

METODOLOGIAS UTILIZADAS EM ESTUDOS EM AQUISIÇÃO DE LINGUAGEM

Objetivos gerais do capítulo:

⊃ Discutir a coleta de dados e apresentar metodologias para investigar como a criança adquire sua língua materna.

Objetivos de cada seção:

⊃ 1: apresentar a metodologia por trás da coleta e do uso de dados espontâneos de crianças em fase de aquisição de linguagem.
⊃ 2: examinar algumas das técnicas e dos métodos utilizados na coleta de dados experimentais para o estudo da aquisição da linguagem.
⊃ 3: conclusões alcançadas.

Recapitulando...

Já vimos que as crianças possuem um conhecimento linguístico bastante específico e abstrato. Vimos também que podemos lançar mão de uma hipótese racionalista para explicar o processo de aquisição, postulando que parte desse conhecimento é inato, ou seja, está presente desde o nascimento da criança. Se quisermos investigar que conhecimento as crianças possuem em determinado estágio de seu desenvolvimento linguístico, não podemos simplesmente fazer a elas perguntas sobre a interpretação que elas dão a determinadas estruturas, ou se elas conhecem determinada construção. Se tentarmos fazer investigação em Aquisição de Linguagem dessa maneira, estaremos fadados ao fracasso, porque é bastante reduzida nas crianças a capacidade metalinguística, que é a capacidade de falar sobre a língua utilizando para isso a própria língua.

Como fazemos, então, para detectar e estudar esse conhecimento? Neste capítulo, discutiremos os métodos mais utilizados nas pesquisas em Aquisição de Linguagem, ilustrando seu potencial e suas limitações e como eles conseguem extrair das crianças suas intuições e conhecimentos. O nosso objetivo principal é descrever tais métodos, fornecendo dicas práticas de como os experimentos podem ser conduzidos. Não perca de vista, no entanto, que nossa exposição não contempla todos os métodos existentes, dadas as limitações de espaço e mesmo o caráter introdutório deste livro.

A coleta de dados para investigação pode ser de dois tipos: de dados espontâneos ou de dados experimentais. A coleta de dados espontâneos caracteriza-se por não guiar a fala da criança de modo a fazê-la produzir construções específicas. Por sua vez, a coleta de dados experimentais é especificamente formulada para fazer a criança produzir determinadas construções linguísticas ou para dar julgamentos sobre sentenças apresentadas a ela. No que se segue, discutimos diferentes tipos de coleta de dados e metodologias.

1. DADOS ESPONTÂNEOS

Dados espontâneos são utilizados em estudos sobre Aquisição de Linguagem há muito tempo, em geral através da gravação da fala das crianças em estudo. Essa gravação pode ser feita somente em áudio, usando-se um gravador, ou em áudio e vídeo, com o uso de uma filmadora. Com a popularização das câmeras de vídeo, qualquer pessoa pode criar um *corpus* de dados espontâneos de uma criança. Para tanto, é necessário decidir a duração de cada sessão de gravação (em média, trinta minutos é uma boa duração), a periodicidade das gravações (a cada semana, quinzena ou mês) e o período durante o qual a criança será gravada: por um ano, dois ou até cinco anos. Ao final da empreitada, tem-se uma visão geral de como a linguagem da criança progrediu ao longo do tempo através de sua fala espontânea.

Após gravar a criança, é necessário *transcrever* as sessões de gravação, a fim de simplificar o processo de análise dos dados. Apesar de ser possível transcrever as sessões de gravação de forma ortográfica, fazer a transcrição fonética ou fonológica é mais confiável e mais fiel ao que de fato foi produzido. As crianças pequenas pronunciam as palavras de forma bem diferente da dos adultos e ter um modo uniforme para codificar essas pronúncias especiais é importante. Com essa preocupação em mente, o pesquisador Brian MacWhinney, da Carnegie Mellon University, nos EUA, criou a plataforma Childes – Child Language Data Exchange System (acesso gratuito pelo site <http://childes.psy.cmu.edu/>).

Essa plataforma traz um sistema integrado para troca de dados de crianças adquirindo diversas línguas. Com ele, é possível: (i) transcrever os dados utilizando uma formatação consistente, desenvolvida especialmente para a transcrição de dados infantis; (ii) automatizar o processo de análise dos dados, com a busca automatizada de palavras ou construções específicas; e (iii) ter acesso a mais dados de mais crianças, adquirindo um número maior de línguas. O projeto é muito bem-sucedido, sendo utilizado por pesquisadores no mundo todo, inclusive no Brasil.

Os dados são transcritos e codificados em um formato específico, o "Chat". Depois, eles podem ser analisados pelo programa "Clan", que está disponível para download gratuito também no site. Transcrever e analisar os dados em formato Chat exige familiaridade com as convenções utilizadas e as apostilas disponibilizadas gratuitamente no site auxiliam no processo. Uma das maiores vantagens de se usar o programa Clan é que ele permite a busca posterior por dados específicos em todas as sessões de gravação, o que significa uma enorme economia de tempo. Para se ter uma ideia de como as sessões são transcritas nesse formato, veja um exemplo, que está transcrito em forma ortográfica, e não fonética:

(1)   *CHI: eu gosto muito muito de você!
        *MOT: ah@i, que umbigo mais lindo!
        *CHI: &=risos.
        %sit: barulho de algo caindo no chão.
        *MOT: ai+ai+ai@i viu?
        *CHI: deixa eu te mostrar um negócio.
        *CHI: minha esponja dá aqui.
        *MOT: não, já (es)to(u) vendo a tua esponja.
        *MOT: quem comprou p(a)ra você?
        *CHI: a [/] a [//] a mãe.

Atribui-se CHI (do inglês "*child*", "criança") para a criança e MOT (do inglês "*mother*", "mãe") para a mãe. Cada linha tem que começar com o símbolo * mais as iniciais de quem fala em letras maiúsculas, seguido de dois pontos e um adentramento de tabulador. Depois disso, transcreve-se o que foi falado, sempre em letras minúsculas. Na segunda linha do nosso exemplo, vemos 'ah@i'. O símbolo '@' é usado para inserir certos tipos de informações sobre o que foi falado anteriormente. No caso, '@i' quer dizer que o que precede é uma interjeição. Outras possibilidades são: '@b' para balbucio, '@c' para palavras inventadas pela criança, '@f' para palavras familiares, '@l' quando se cita uma letra do alfabeto, '@o' para onomatopeia, '@si' para quando se está cantando, além de muitas outras informações. O símbolo '&' indica que o que se segue não é uma palavra.

Além das linhas para colocar o que foi falado, é possível inserir uma linha para explicar a situação de fala. Nesse caso, coloca-se o símbolo %sit (do inglês "*situation*", "situação"). Na transcrição anterior, é explicitado que, depois que a criança riu, ouve-se o barulho de algo caindo no chão. Isso pode ser relevante, pois a criança ou o adulto podem fazer alusões ao que ocorre na situação de fala. Na antepenúltima linha, vemos o uso dos parênteses, que foram colocados para indicar que, ao invés de dizer 'estou', a mãe disse 'tô'. A palavra é completada com partes entre parênteses para que, no momento de análise, o programa Clan possa identificar que ali foi usado o verbo 'estar' e possa incluí-lo numa busca, caso sejam solicitados, por exemplo, todos os usos de 'estar' dos dados. O uso de [/] indica que ouve uma pequena pausa entre os dois usos de 'a'; [//] indica que a segunda pausa foi um pouco maior.

Existem muitos outros tipos de símbolos e convenções que o formato Chat utiliza, e por isso a familiarização com o sistema é necessária para fazer a transcrição de forma adequada. Apesar de levar algum tempo para realizar a transcrição nesse formato, a possibilidade de fazer buscas com o programa Clan representa, como dissemos, uma grande economia de tempo no futuro, justificando o investimento de tempo que uma transcrição mais uniformizada pode demandar.

A transcrição com esse formato permitirá que pesquisas sejam feitas procurando por idades ou estágios em que construções, palavras ou até segmentos foram produzidos pela primeira vez. Pode-se observar também a frequência com que determinada construção é usada pela criança ou até pelos adultos que falam com ela, sendo possível detectar frequências no *input*. O uso das convenções do Chat juntamente com o programa Clan fazem com que o número de fenômenos que podem ser observados nesse tipo de dado seja bem amplo, sendo útil, portanto, para um grande número de estudos. A regularidade com que a criança é gravada é que garantirá uma boa amostra de suas produções ao longo do tempo e poderá trazer informações relevantes sobre o seu desenvolvimento linguístico.

No entanto, os dados espontâneos são limitados em um importante aspecto. Se a criança, por algum motivo, não produzir uma determinada construção, nada poderá ser concluído em relação a isso. Imaginemos o caso de uma criança falante de português brasileiro gravada semanalmente desde os 12 meses até os 5 anos de idade. Imaginemos também que, durante todo esse período, nenhuma sentença na voz passiva (do tipo 'O Mickey *foi agarrado* pelo fantasma') seja encontrada nas gravações. Numa primeira inspeção, poderíamos concluir que a criança não adquiriu a estrutura passiva até os cinco anos de idade. No entanto, ao observarmos a fala dos adultos, notamos que sentenças na voz passiva são raras mesmo na fala deles. Ou seja, é perfeitamente possível que a criança já saiba tal estrutura e já a tenha produzido, mas essa produção não tenha ocorrido durante as sessões de gravação. Lembrando que cada sessão de gravação dura, em média, trinta minutos, é perfeitamente possível que, por coincidência, nenhuma das sentenças na voz passiva enunciadas pela criança tenha acontecido durante a gravação.

Em outras palavras, a ausência de determinada estrutura linguística nos dados pode ser fruto do acaso ou realmente pode ser reveladora do fato de a criança não conhecer ainda a construção, mas não podemos escolher entre essas duas alternativas se temos apenas os dados espontâneos. Nesse tipo de situação, para podermos chegar a conclusões mais seguras sobre o conhecimento da criança, é indicado o uso de dados experimentais.

Dicas práticas: as sessões devem ser gravadas em um ambiente tranquilo, em que somente a criança e o pesquisador estejam presentes. Televisores, rádios ou outros equipamentos que emitem som devem estar desligados para não interferirem na qualidade da gravação e também para não dispersarem a atenção da criança. Gravá-la enquanto come também não é indicado, pois isso pode comprometer o entendimento do que a criança fala.

O ideal é que apenas uma criança seja gravada de cada vez. A criança pode manipular brinquedos e livros, por exemplo, para que ela fale sobre eles. O pesquisador deve estimular a criança a falar, agir de forma natural e nunca interferir quando ela estiver falando. Se a criança estiver no meio de uma sentença, deve-se esperar ela terminar de falar para só então dirigir a palavra a ela. É importante lembrar: o objetivo da sessão de gravação é deixar que a criança fale o que ela quiser, da maneira que quiser.

Alguns cuidados devem ser tomados para não expor a criança: gravá-la enquanto toma banho, por exemplo, não é indicado, se o objetivo é que tais dados sejam mais tarde disponibilizados em um banco de dados na internet, por exemplo.

Em suma, os dados espontâneos são uma importante ferramenta, utilizada em estudos em Aquisição de Linguagem há muito tempo. No entanto, por conta de algumas de suas limitações, dados experimentais podem ser necessários para chegarmos a descrições mais exatas sobre o conhecimento linguístico infantil. Passemos a essa discussão.

2. DADOS EXPERIMENTAIS

Os dados experimentais são úteis quando não se consegue chegar a conclusões claras acerca do conhecimento que a criança possui sobre uma determinada construção linguística apenas com dados espontâneos. Se a criança não produziu espontaneamente nenhuma sentença na voz passiva, por exemplo, pode-se construir um experimento em que a compreensão de sentenças passivas seja testada. A combinação de dados espontâneos e dados experimentais fornece uma ideia mais completa e precisa sobre o desenvolvimento infantil; esses dois tipos de métodos são, portanto, complementares.

Outra situação em que dados experimentais são úteis é quando se quer detectar comportamentos não adultos que a criança apresenta sobre determinadas construções. Muitas vezes, o desenvolvimento infantil passa por estágios intermediários antes de chegar ao estágio adulto. Nesse processo, é possível haver períodos em que a criança permite interpretações ou construções ilícitas na gramática adulta. A depender das hipóteses de trabalho que o pesquisador desenvolve, ele pode testá-las em experimentos desenhados especialmente para tal propósito, algo que é impossível fazer com dados espontâneos.

Além dessa vantagem no lado "teórico", os dados experimentais trazem também uma vantagem "prática": a possibilidade de se obter dados de um número maior de crianças. Em geral, gravar e transcrever dados espontâneos são tarefas árduas, que levam um longo período de tempo para serem completadas, o que na maior parte das vezes inviabiliza o objetivo de trabalhar com dados de várias crianças. Porém, como os dados experimentais podem ser obtidos de forma mais rápida, é possível coletar dados de um grande número de crianças e assim fazer generalizações mais confiáveis.

Experimentos: acesso indireto ao conhecimento das crianças

Antes de prosseguirmos, um alerta deve ser feito. Os testes e tarefas relacionados a seguir não refletem diretamente o conhecimento da criança. Ao fazermos testes com as crianças, temos acesso ao seu desempenho, e esse desempenho é usado para fazermos inferências sobre o seu conhecimento linguístico internalizado. Dito de outro modo, a evidência é sempre indireta. No entanto, quando um número considerável de crianças responde de forma semelhante às mesmas perguntas, podemos tirar conclusões seguras sobre o desenvolvimento linguístico infantil. Essas conclusões podem ser corroboradas ainda por outros estudos, que lançam mão de diferentes métodos, ou ainda através da comparação com dados de crianças adquirindo outras línguas. É na convergência de resultados de estudos distintos que o conhecimento sobre a aquisição das línguas se enriquece.

Ao se trabalhar com esse tipo de método, alguns cuidados são indispensáveis. Em primeiro lugar, é imprescindível obter aprovação de um Comitê de Ética em Pesquisa (CEP), para estar em conformidade com a Resolução 196/96 do Conselho Nacional de Saúde, que tem por objetivo regular pesquisas envolvendo seres humanos em todas as áreas do conhecimento. Os CEPs analisam a eticidade das pesquisas propostas, com o intuito de defender os interesses dos sujeitos da pesquisa em sua integridade e dignidade (cf. Normas e Diretrizes Regulamentadoras da Pesquisa Envolvendo Seres Humanos – Res. CNS nº 196/96, II.4). Além da aprovação de um CEP, os pesquisadores necessitam também da permissão dos pais para conduzir a pesquisa com as crianças, uma vez que elas são incapazes de responderem por si próprias.

O compromisso primeiro do pesquisador que conduz suas pesquisas em uma creche, por exemplo, deve ser com o bem-estar das crianças, fazendo com que elas se sintam à vontade na sessão experimental. A criança não deve sentir que está sendo testada em nenhum momento, pois isso pode inibi-la. Qualquer constrangimento pode levar a criança a se fechar, impossibilitando a conclusão da sessão de testes. Somente crianças à vontade, que estão se divertindo, darão respostas verdadeiras e confiáveis, que podem ser utilizadas na análise dos dados. No entanto, isso não quer dizer que a criança pode fazer o que bem entender durante a entrevista: deve ficar claro para ela que ela está ali para brincar, mas fazendo o que é pedido pelos experimentadores. O plano de ação do experimentador tem que ser levado a cabo de maneira uniforme com todas as crianças, a fim de obter dados confiáveis e comparáveis entre si. Conduzir a pesquisa nas escolas exige um equilíbrio entre deixar a criança à vontade e fazer a criança obedecer ao pesquisador. Isso não é difícil de conseguir: basta observar como as professoras na escola fazem isso e você verá que se trata, em larga medida, de uma questão de experiência.

Dicas práticas: antes de testar qualquer coisa com as crianças, testa-se um grupo de adultos. Há diversas razões para isso. Em primeiro lugar, é preciso ter certeza de que o teste está benfeito, não está confuso e pode ser facilmente respondido por um adulto. Se mesmo adultos tiverem dificuldades com o teste, obviamente as crianças também terão. Considerando que o sistema a ser adquirido já é dominado pelos adultos, se eles tiverem dificuldades para responder o experimento, isso provavelmente se deve à má formulação do teste. Uma revisão é imprescindível nesse caso, para detectar as dificuldades e saná-las, e então aplicar o teste a um novo grupo de adultos. Se eles se saírem bem, respondendo da forma esperada, o teste está pronto para ser aplicado em crianças. As respostas fornecidas pelos adultos serão utilizadas como uma base de dados com a qual as respostas das crianças serão comparadas.

Tendo obtido êxito com os adultos, é hora de partir para o teste com as crianças. Nessa fase, o pesquisador fará contato com a creche e distribuirá as autorizações que os pais preencherão e assinarão, permitindo que seus filhos participem da pesquisa. Somente crianças cujos pais autorizaram a participação devem ser entrevistadas. Enquanto se espera o retorno das autorizações assinadas, o pesquisador faz uma adaptação com as crianças, passando um período de tempo com elas diariamente. Em média, são necessárias de três a quatro visitas à escola para esse período de adaptação. O pesquisador é apresentado às crianças pela professora e conversa com elas durante a aula ou durante o intervalo, familiarizando-se com elas; assim, quando forem retiradas da sala para o teste, elas se sentirão à vontade, com alguém que já conhecem.

É necessário obter um local apropriado na escola ou creche para conduzir as entrevistas. As crianças devem ser testadas individualmente, em uma sala separada, sem a interferência de outras crianças ou adultos, para não dispersar sua atenção. De preferência, o local deve ser silencioso e confortável, de maneira a abrigar sem aperto a criança, os experimentadores e os materiais utilizados.

É sempre uma boa estratégia testar as crianças mais velhas antes das mais novas. Em um primeiro momento de interação com as crianças, o pesquisador pode se sentir de certa forma distante, ainda sem intimidade com o ambiente da escola e titubeante na hora de contar as histórias. Como o conhecimento linguístico das crianças mais velhas está mais próximo do conhecimento adulto, o teste é mais facilmente aplicado nelas do que nas mais novas, que podem exigir mais tempo e cuidados. Depois de ter testado um bom número de crianças mais velhas, o pesquisador estará mais adaptado ao teste, além de estar mais familiarizado com o ambiente e com as crianças. Quando chegar o momento de testar as crianças mais novas, ele estará se sentindo confiante no teste para lidar com crianças de 3 anos, por exemplo.

A seguir, discutiremos alguns tipos de metodologias experimentais que são amplamente utilizadas nos estudos em Aquisição de Linguagem. Ao investigar o comportamento linguístico de crianças acima de 3 anos de idade, pode-se olhar tanto para como elas *produzem* determinadas construções quanto para como elas *compreendem* as estruturas. A escolha por uma tarefa de produção ou de compreensão depende de diversos fatores. Por exemplo, algumas estruturas são muito complexas, o que traz bastante dificuldade para eliciá-las em crianças pequenas. Nesse caso, uma tarefa de compreensão pode ser mais adequada. Estruturas que são mais simples podem ser mais facilmente eliciadas. Nesse caso, uma tarefa de produção seria indicada. Em geral, a produção de uma dada estrutura por parte da criança é uma indicação mais fiel de seu conhecimento acerca dessa estrutura. Se a criança consegue colocar palavras numa ordem determinada de forma a construir uma sentença com um significado apropriado ao que foi pedido, como acontece em um teste de produção, isso indica claramente que ela possui conhecimento para tal tarefa, já que seria muito improvável que ela produzisse essas estruturas por acidente. No entanto, simplesmente dizer "sim" ou "não" ao experimentador, como acontece em um teste de compreensão, pode ser feito sem que a criança necessariamente tenha tal conhecimento. Por isso, deve-se dar prioridade à tarefa de produção e escolher a tarefa de compreensão somente quando a tarefa de produção não for possível, o que depende, em última análise, do fenômeno sendo estudado.

2.1 Tarefas de produção

2.1.1 TAREFA DE PRODUÇÃO ELICIADA

Em uma tarefa de produção eliciada, pede-se à criança que produza sentenças ou palavras que são adequadas ao contexto fornecido. Existem diversas maneiras de se utilizar esse método. Consideremos dois exemplos. Em um estudo sobre a aquisição de perguntas no português brasileiro, formulamos um contexto em que seria adequado que a criança fizesse perguntas a um fantoche. O contexto era o seguinte: o fantoche, um sapinho de pelúcia chamado Caco, achava que sabia todas as coisas do mundo. Ele dizia à criança que ela podia perguntar a ele o que ela quisesse, e ele acertaria a resposta. Ficava combinado com a criança que, se ele acertasse, a criança daria um inseto (de plástico) para ele comer, pois essa era sua comida preferida. Se ele errasse, a criança daria uma comida amarga que ele não gostava tanto, como punição. As crianças nesse ponto aceitavam o desafio e a "brincadeira" (isto é, o experimento) começava. O fantoche era colocado dentro de uma caixa, usando protetores de ouvido, para garantir que ele não ouviria o que estava sendo combinado entre a criança e o experimentador. Antes de começar o teste, a criança passava por uma sessão de treinamento, em que deveria esconder três objetos na sala e pedir ao Caco para adivinhar onde ela os escondeu. Essa parte era fundamental, pois ensinávamos à criança como a brincadeira prosseguiria e só começávamos de fato com as sentenças do teste após ficarmos seguros de que a criança tinha entendido o que teria que fazer.

As situações com as perguntas de interesse eram misturadas com sentenças que não tratavam diretamente do assunto da pesquisa, as chamadas sentenças distratoras. As sentenças distratoras nada têm a ver com o fenômeno estudado. São sentenças para as quais se sabe a resposta que a criança tem que dar. Se ela der uma resposta não esperada para esses itens, isso pode indicar uma série de motivos: cansaço, falta de atenção, falta de vontade de cooperar etc. Dito de outro modo, as respostas às sentenças distratoras são uma espécie de termômetro: caso a criança comece a dar muitas respostas erradas às sentenças distratoras, deve-se interromper a sessão e descartar os dados daquele sujeito. Apenas as crianças que respondem corretamente a todas as sentenças distratoras podem ser incluídas no estudo. Um segundo motivo para incluir esse tipo de sentença no teste é exatamente para distrair as crianças do fenômeno em estudo. Se o objetivo é estudar a aquisição de perguntas, colocam-se algumas sentenças declarativas como distratoras. O ideal é que se intercale uma sentença-teste e uma sentença distratora.

A seguir, fornecemos um diálogo, retirado de um estudo que objetivava eliciar perguntas de crianças adquirindo o PB como língua materna. Observe que o tipo de pergunta que as crianças têm de produzir nessa tarefa é complexo. A pergunta envolve duas orações, uma matriz (no nosso exemplo: 'o que você acha...') e uma encaixada ('que o Super-Homem prefere comer'). A expressão interrogativa 'o que' constitui o objeto direto do verbo da oração encaixada. Se esta expressão é colocada na ordem em que as palavras são interpretadas, temos: 'você acha que o Super-Homem prefere comer *o quê*?'

O diálogo procedia da seguinte forma:

(2) **Pesquisadora**: Vamos começar com a primeira brincadeira?
Criança: Vamos.
Pesquisadora: A gente tem aqui o Super-Homem e tem uma coisa que ele gosta de comer, uma que ele gosta de beber e uma pessoa que

ele gosta de abraçar. As coisas são: um chocolate, uma garrafa de leite e a Minnie. O Super-Homem prefere comer chocolate, beber leite e abraçar a Minnie. Vamos relembrar? O Super-Homem prefere comer o?
Criança: Chocolate.
Pesquisadora: E beber?
Criança: Leite.
Pesquisadora: e abraçar?
Criança: a Minnie.
Pesquisadora: Isso mesmo. Vamos chamar o Caco e ver se ele adivinha tudo? Chama ele.
Criança: Caco!!
Fantoche (manipulado por um segundo pesquisador): Cheguei. Pode perguntar. Eu vou adivinhar tudo!
Pesquisadora: Você lembra o que o Super-Homem prefere comer? (Se aproxima da criança para que ela fale no ouvido da pesquisadora e o Caco não ouça)
Criança: Chocolate (sussurrando no ouvido da pesquisadora).
Pesquisadora: Isso. Pergunta pra ele o que ele acha.
Criança: *O que você acha que o Super-Homem prefere comer?*
Fantoche: Chocolate!!
Criança: Acertou! Vai ganhar um inseto.

O contexto torna bastante natural que a criança faça perguntas ao fantoche. Mesmo sendo perguntas bastante complexas, elas são perfeitamente naturais no contexto fornecido. Esse método foi utilizado pela primeira vez por Rosalind Thornton nos anos 1990, em um estudo com crianças adquirindo o inglês como língua materna. Tanto no inglês quanto no português, o método se mostrou bastante eficiente, pois as crianças produziram um grande número de perguntas da forma esperada. Tais perguntas são extremamente raras na fala espontânea das crianças, mas foram largamente produzidas nas sessões experimentais.

Outro tipo de pergunta raramente produzido espontaneamente são as perguntas em que a palavra interrogativa permanece *in situ* e não se move para a esquerda da sentença, como em 'Você viu *quem* na festa?' (a contrastar com: '*Quem* você viu __ na festa?', em que 'quem' se move para a extremidade esquerda da sentença).

Em sua dissertação de mestrado, de 2000, Grolla observou que perguntas com o WH *in situ* estão quase que completamente ausentes do *corpus* de uma criança adquirindo o PB como língua materna. No entanto, considerando as limitações que esse tipo de *corpus* pode ter (como observado anteriormente), Grolla e Alvarez (2010) conduziram um estudo com uma tarefa de produção eliciada para checar a produção desse tipo de pergunta em um número maior de crianças.

O método envolvia uma espécie de "teatro". Utilizando um pequeno cenário de papel-cartão e alguns bonecos (manipulados pelo experimentador), a criança era apresentada a um dos brinquedos, Shrek, que conversava com ela até que ela ficasse devidamente familiarizada com a personagem e à vontade com a brincadeira. Então, Shrek lhe contava que sua namorada, Fiona, tinha saído, mas, antes disso, tinha pedido a ele que tomasse banho. Shrek, não tendo atendido ao pedido de sua amada, estava com medo da reação dela quando ela voltasse. E, de fato, ao entrar em cena, Fiona brigava com Shrek e dizia que não conversaria mais com ele. O namorado, então entristecido, pedia ajuda à criança para intermediar os diálogos do casal. O experimentador, a partir deste ponto, suscitava a participação da criança, fazendo-a perguntar a Fiona aquilo que Shrek queria saber.

Notemos que o experimentador, quando da aplicação do teste, não devia permitir que a pergunta a ser realizada a Fiona fosse feita por ele mesmo, para evitar que a criança o copiasse ou que a criança fosse influenciada pela forma como a pergunta tinha sido feita por ele. Sendo muitas vezes impossível cumprir este quesito, acrescentou-se um trecho de fala qualquer após os dizeres de Shrek, a fim de distanciar a pergunta feita pelo experimentador da pergunta a ser feita pela criança. Veja a seguir exemplos da história contada à criança e as perguntas esperadas:

(3) **Experimentador:** Shrek quer muito saber aonde Fiona foi. A Fiona foi pra algum lugar que ele não sabe. Você é capaz de perguntar a ela?
Criança: Aonde você foi?/Você foi aonde?
Fiona: Fui ao mercado comprar comida e já guardei.
Experimentador: Shrek está muito faminto, mas ele não sabe onde está a comida. A Fiona guardou a comida em algum lugar e ele quer que você pergunte a ela.

Criança: Onde você guardou a comida?/Você guardou a comida onde?
Fiona: Guardei nessas panelas (experimentador põe em cena duas panelas previamente preparadas).
Experimentador: Ainda mais esfomeado, Shrek quer saber agora que comida sua namorada comprou para ele. Ela comprou comida, mas ele não sabe qual. Pergunte a ela.
Criança: Que comida você comprou?/Você comprou que comida?
Fiona: Milho e ovo.

Esse método mostrou-se bastante eficiente, pois as crianças produziram diversas perguntas, incluindo algumas com WH *in situ*, como: 'Vocês comem *o que* de comida?'. As crianças produziram perguntas com WH *in situ* na mesma proporção que os adultos. Ou seja, a ausência de perguntas com WH *in situ* nos dados de Grolla (2000) era na verdade decorrente do acaso e não refletia uma diferença entre a gramática da criança e a do adulto. Quando tiveram a oportunidade de produzir esse tipo de pergunta, as crianças o fizeram, de forma análoga ao que foi feito pelos adultos.

Os dois exemplos anteriores ilustram maneiras diferentes de conduzir um estudo de produção eliciada. Em ambos os casos, utilizou-se um fantoche para auxiliar na tarefa, fazendo com que os experimentos ficassem parecidos com uma brincadeira. Isso sem dúvida deixa as crianças mais relaxadas e garante que elas se divirtam enquanto respondem ao teste. No entanto, alguns pesquisadores preferem não utilizar fantoches em seus experimentos e conversam diretamente com as crianças, apresentando a elas os contextos e explicando, assim, a tarefa, sem introduzir esses elementos extras. Esses estudos também obtêm boas respostas das crianças. A escolha pelo uso ou não do fantoche depende, em última análise, do experimentador e de como ele se sente em manipulá-lo, pois todo o processo deve ser natural também para o experimentador.

É necessário incluir vários contextos no teste para que a criança tenha várias chances de produzir a estrutura em questão. Se ela não produzir as construções requeridas, tem-se evidência para suspeitar de que ela ainda não possua essas estruturas em sua gramática. Além disso, não se pode esquecer de incluir sentenças distratoras, para desviar a atenção da criança sobre o fenômeno sendo estudado. No entanto – e isso é importante –, a sessão não deve ficar muito longa, pois as crianças, em geral, ficam cansadas e entediadas após 20-25 minutos de teste. Deve-se, portanto, dosar a quantidade de itens para que o teste seja efetivo, sem, contudo, cansar as crianças.

Uma grande vantagem desse método é que ele dá liberdade à criança para que ela produza a estrutura da forma que escolher, sem interferência do pesquisador, como acontece no caso da tarefa de imitação, discutida a seguir. Além disso, a presença constante de uma determinada estrutura na fala da criança é uma evidência importante de que ela é gerada pela gramática da criança e não é produzida ao acaso. Isso é particularmente interessante quando a estrutura não é encontrada na língua adulta. Por exemplo, no estudo sobre perguntas de longa distância mencionado anteriormente, detectou-se que as crianças produzem estruturas como: 'O que você acha *que cor* que é o boné?', em que elas inseriram um sintagma interrogativo como 'que cor' em uma posição intermediária da estrutura (mostrada em itálico). Como isso não é atestado na língua adulta, as crianças não produzem isso por imitação, mas estão criando formas que possivelmente são reflexos de sua gramática. Não seria possível detectar produções como essa em outro tipo de tarefa.

Pode-se então concluir que a tarefa de produção eliciada é um método eficiente, tendo trazido diversos resultados interessantes para o estudo da aquisição de diversas línguas. Passemos agora à tarefa de imitação.

2.1.2 TAREFA DE IMITAÇÃO ELICIADA

As crianças, mesmo os recém-nascidos, são capazes de imitar comportamentos e essa é uma habilidade bastante importante no desenvolvimento. No entanto, não é o caso que qualquer comportamento pode ser imitado em qualquer fase do desenvolvimento infantil. Para imitar um comportamento, parece ser necessário que a criança já possua as estruturas cognitivas necessárias para essa realização. No que se refere à língua, estudos que se utilizaram de métodos baseados em imitação observam que as crianças somente repetem corretamente estruturas que já fazem parte de sua competência. Dito de outro modo, a imitação não é uma atividade passiva; ela reflete a competência cognitiva da criança – essa é a razão pela qual a criança não é capaz de reproduzir a frase do pai '*Nobody likes me*' do exemplo (11) no capítulo "A capacidade linguística de adultos e crianças".

Para que consiga imitar ou repetir uma determinada estrutura, a criança precisa processar o que ouviu, atribuindo-lhe uma interpretação; precisa planejar a sua fala e então pronunciá-la para o entrevistador. Nesse processo, a criança faz uma reanálise da estrutura e a pronuncia da maneira como conseguiu analisá-la, sendo restringida nesse processo pelas estruturas que possui naquele estágio de seu desenvolvimento.

Por conta disso, a tarefa de imitação pode ser utilizada para checar se a criança é capaz de pronunciar determinados segmentos fonológicos ou para verificar se ela entende certas sentenças ou sintagmas. Por exemplo, pode-se formular um experimento em que é solicitado à criança que ela repita palavras isoladas, contendo fonemas de interesse. Grava-se então sua repetição; se os fonemas em questão não estiverem ainda em seu repertório, ela não os produzirá.

Silva (2008), por exemplo, conduziu um estudo com crianças adquirindo o PB como língua materna, investigando a produção do segmento /s/ no final da sílaba (como em 'ca**s**ca') e em fim de palavra (como em 'casa**s**'). A pesquisadora utilizou dois métodos: um em que as crianças nomeavam espontaneamente figuras que viam em um livro e outro em que elas imitavam palavras ou sintagmas pronunciados pela pesquisadora. A autora estava interessada na produção dos sons surdos (aqueles em que não há vibração das cordas vocais, como em [s]) e sonoros (aqueles em que as cordas vocais vibram, como em [z]). Silva observa que as crianças pronunciam o /s/ de maneira correta quando ele vem seguido de pausa ou de um segmento surdo, mas possuem mais dificuldade para pronunciar o /s/ quando seguido por um segmento sonoro. Assim, os itens sublinhados em (4a) são mais facilmente repetidos de modo integral do que os itens sublinhados em (4b):

(4) a. Casa**s** #, casa**s** pequenas, ca**s**ca
    b. Casa**s** amarelas, me**s**mo, ra**s**ga

Ou seja, em (4a), em que o 's' é pronunciado [s] mesmo, as crianças produzem as formas corretamente. Já em (4b), em que o 's' é de fato pronunciado como [z], as crianças apresentaram diversas estratégias para não pronunciá-lo: apagamento ('memo' para 'mesmo', 'diliga' para 'desliga'), substituição ('leima' para 'lesma', 'udólu' para 'os olhos'), epêntese ('aoizi' para 'arroz', 'mazi' para 'mais', 'doizi' para 'dois'), metátese ('folésa' para 'floresta', 'gósu' para 'gosto', 'cuisi' para 'arco-íris'). Silva conclui que as crianças têm dificuldade para repetir as palavras corretamente quando o segmento no final da sílaba ou da palavra é sonoro, [z]. Elas repetem corretamente mais frequentemente quando o som é surdo, [s]. Silva explica esse resultado propondo que existe uma regra de sonorização no PB, que transforma segmentos surdos em sonoros quando eles se encontram diante de outros segmentos sonoros. Assim, um 's' é pronunciado como [z] se, diante dele, estiver um som sonoro, como 'g', 'd', 'm'. É o que verificamos em 'enga_s_ga', 'de_s_de' e 'me_s_mo'. Note que os elementos realçados são pronunciados como [z] e não como [s]. Se o som diante de 's' for surdo, como 't', 'f' e 'p', então o 's' fica surdo, como vemos em 'te_s_te', 'de_s_faz' e 'dé_s_pota'.

Essa regra de sonorização do 's' tem de ser aprendida e, enquanto não é, as crianças utilizam diversas estratégias para se livrarem de tais ambientes problemáticos. Para os segmentos surdos, nada tem de ser aprendido, basta apenas pronunciar [s]. Nesses casos, as crianças repetem as palavras com menos erros (com relação à fonologia do PB) e fazendo menos uso de estratégias como as elencadas anteriormente.

Os resultados desse trabalho mostram claramente que a tarefa de imitação eliciada não é apenas repetição automática do que a criança ouve, mas envolve os conhecimentos da criança naquele ponto de seu desenvolvimento. Enquanto não aprenderem a regra de sonorização de fricativas, as crianças evitarão produzir fricativas em ambientes que exigem a aplicação da regra, mesmo que tenham acabado de escutar o experimentador produzindo sons através dessa regra.

Esse método, além de poder ser utilizado em casos de aquisição fonológica, também pode ser aplicado para estudar a aquisição de estruturas e regras sintáticas. Como ilustração, considere um dos experimentos realizados por Casagrande (2010) para checar como as crianças utilizam pronomes em posição de objeto direto em PB, uma língua que permite objetos nulos (como 'A mamãe fez o bolo e o João comeu __'). Objetos nulos são preferidos, em detrimento dos pronomes plenos, quando o seu antecedente possui o traço [–animado]. Assim, elementos [+animados], como 'o João' ou 'o cachorro', são preferencialmente retomados por um pronome pleno e elementos [–animados], como 'o bolo' ou 'a carteira', são preferencialmente retomados por um pronome nulo. O experimento possuía sentenças contendo antecedentes [+animados] e [–animados], sublinhados nos exemplos a seguir, com objetos preenchidos por pronomes nulos e plenos (exemplos adaptados, retirados do experimento de Casagrande, 2010: 297):

(5) a. Minha mãe comprou <u>as bananas</u> e meu pai comeu __.
    b. Minha mãe comprou <u>as bananas</u> e meu pai comeu elas.
(6) a. Minha mãe viu <u>o cachorro</u> solto e prendeu __.
    b. Minha mãe viu <u>o cachorro</u> solto e prendeu ele.

A pesquisadora comparou as taxas de imitação correta para os casos com pronomes plenos e nulos, a fim de avaliar se há algum padrão para preenchimento da posição de objeto. Ela computou também a relação de nulos e plenos em função do antecedente ([+animado] e [–animado]). Se as crianças possuírem a mesma restrição semântica que o adulto com relação ao traço de animacidade do antecedente, elas devem ter uma preferência para repetir sentenças como (5b) sem o pronome e sentenças como (6a) com o pronome. Assim, a imitação não será uma mera repetição palavra a palavra, mas mostrará uma reanálise feita pela criança, uma filtragem, e o filtro é justamente o seu conhecimento sobre objetos nulos no PB. Os resultados indicam que a criança possui as mesmas preferências que os adultos.

O teste de imitação deve ser feito com mais de um item por condição. No caso do experimento sobre objetos nulos, por exemplo, devem-se inserir pelo menos duas sentenças de cada tipo, variando as palavras para não ficar repetitivo para a criança. Todas as sentenças devem ser de comprimento similar, considerando o número de palavras e o de sílabas – as sentenças devem ter números de palavras e de sílabas bastante próximos –, pois não é desejável que efeitos de processamento interfiram nas respostas das crianças.

Para um teste como esse, não há necessidade de fantoches. O experimentador pode simplesmente dizer que vai ler uma história ou frase e pedir para a criança repetir exatamente o que ele falou. Como sempre, antes do teste, é importante ter uma fase de treinamento, em que se falam estruturas não relevantes para o teste, apenas para ensinar a tarefa à criança. Nesse ponto, o experimentador pode fazer comentários. Por exemplo, se a criança disser somente a última palavra de uma sentença, ele deve explicar que ela deve dizer tudo o que ouviu. Podem-se fornecer palavras de encorajamento, como "muito bem!". Quando sentir que a criança está pronta, o experimentador pode iniciar o teste. Ele deve então ler a sentença (ou a(s) palavra(s)) e esperar pela resposta da criança. Nunca se deve intervir entre a leitura da sentença e a resposta da criança! Algumas vezes, a criança pode demorar para repetir; por isso, deve-se dar tempo a ela, não interferindo enquanto ela planeja o que vai falar. Durante a parte de teste propriamente dita, não se deve fazer comentários sobre as respostas, mesmo que a criança repita de forma errada. O que se pode fazer é fornecer encorajamento, como "muito bem", mas sem constrangê-la. Também não se deve ler a frase repetidas vezes; repetir uma dada sentença muitas vezes para a criança pode interferir no processamento e pode trazer diferenças entre as respostas das várias crianças, por isso esse procedimento deve ser evitado.

Após coletar os dados, as produções das crianças têm de ser transcritas. É recomendável que duas pessoas transcrevam as sessões, de forma independente. As transcrições são depois comparadas para detectar e corrigir possíveis inconsistências. Após essa fase, as produções são codificadas, classificando as imitações como corretas ou incorretas. As incorretas são classificadas de acordo com o fenômeno em questão. Por exemplo, no caso do estudo para objetos nulos no PB, deve-se ver se as repetições que diferem do que foi falado envolvem apagamento ou preenchimento da posição de objeto.

Uma grande vantagem do método de imitação eliciada é a possibilidade de se controlar exatamente as condições a serem testadas, focalizando um fato específico da língua com exclusão de qualquer fator complicador, obtendo assim dados diretamente relevantes para o fenômeno em questão. Além disso, esse método pode ser usado com crianças bem novas, a partir de 2 anos de idade. Ele apresenta como desvantagem o fato de que limita a produção da criança àquilo que ela ouviu, já que sua tarefa é apenas repetir as estruturas. Isso pode impedir que se observem estruturas não adultas que sua gramática poderia em princípio gerar, como as perguntas com palavra-WH em posição medial, mencionadas anteriormente (como em 'O que você acha *que cor* que é o boné?').

Concluindo, podemos dizer que o método de imitação eliciada é um método eficiente, que busca vislumbrar o conhecimento das crianças através dos erros que elas produzem ao imitar certas estruturas. As reanálises feitas pelas crianças podem trazer evidências sobre que tipo de conhecimento elas possuem com relação à estrutura em foco.

Os métodos de produção são amplamente utilizados nas pesquisas em Aquisição de Linguagem. No entanto, em alguns casos, é mais indicado utilizar métodos de compreensão, como discutimos a seguir.

2.2 Tarefas de compreensão

Testes de compreensão envolvem a criança em uma atividade mais simples do que as de produção, pois ela não tem que produzir estruturas. Na tarefa de julgamento de valor de verdade, por exemplo, as crianças apenas fornecem seu julgamento, dizendo "sim" ou "não" ao que o experimentador pergunta. Na modalidade de encenação (*act out*), a criança tem de encenar, com bonecos e brinquedos, aquilo que ouviu. No teste de escolha de figuras, ela ouve uma sentença e tem de escolher, dentre várias figuras à sua frente, aquela que corresponde ao que foi ouvido. Passemos à discussão de cada uma dessas tarefas.

2.2.1 TAREFA DE JULGAMENTO DE VALOR DE VERDADE – TJVV

A TJVV consiste em fornecer uma sentença e um contexto (através de figuras ou histórias encenadas à frente da criança), e a criança diz se a sentença em questão é verdadeira ou falsa de acordo com esse contexto. Nesse método, é bastante comum o uso de um fantoche, que é apresentado à criança como alguém muito distraído. Ele ouve as histórias contadas pelo experimentador e, ao final de cada uma, deve dizer o que aconteceu. Muitas vezes, ele não presta atenção ao que aconteceu, fica confuso e fala algo que não aconteceu. A criança então é convidada a ajudar o fantoche e a avisá-lo quando ele disser algo que não ocorreu na história. Quando ele diz o que de fato aconteceu, a criança lhe dá um prêmio, como uma maçã ou um inseto (de plástico), sua comida preferida. Se ele ficar distraído e disser uma coisa que não ocorreu, a criança lhe dá um pedaço de pano pra comer, como punição. Assim, dar a comida ao fantoche é, na verdade, fornecer um julgamento sobre a sentença proferida.

Esse método é utilizado quando se quer investigar se a criança conhece algum princípio sintático, por exemplo. Nesse caso, monta-se o experimento de modo a ter pareada com a resposta "verdadeiro" (ou "sim") a violação de tal princípio, e com a resposta "falso" (ou "não") a não violação do princípio. Considere o exemplo a seguir.

Como veremos no próximo capítulo, a Teoria da Ligação rege a distribuição de sintagmas nominais, como pronomes (por exemplo, 'ele') e anáforas (por exemplo, 'se'), nas línguas naturais. Um dos princípios dessa teoria postula que certas expressões, chamadas de "expressões referenciais", como 'o João', 'a vizinha da Maria' ou 'Super-Homem', não podem ser dependentes de outra expressão na mesma sentença. Considere o exemplo:

(7) Ele limpou o Pluto.

Nessa sentença, o pronome 'ele' não pode ser interpretado como 'Pluto', dando à sentença a interpretação de que o Pluto se limpou. Por possuir esse princípio em suas gramáticas, os adultos nunca interpretam a sentença dessa maneira (ou seja, 'ele' e 'o Pluto' como sendo o mesmo indivíduo); para eles, a única possibilidade é que o 'ele' seja outra pessoa, alguém saliente no contexto discursivo.

Suponhamos que se quer checar se a criança também possui conhecimento sobre a regra sintática que rege estruturas como as de (7). Crucialmente, se ela souber essa regra, não terá a interpretação de que Pluto se limpou. É necessário construir uma história com pelo menos dois personagens, o Pluto e mais algum outro personagem masculino, que seja um potencial referente para o pronome 'ele'. No decorrer da história, tem que ficar claro que o Pluto, e somente ele, se limpou.

Alguns cuidados importantes devem ser tomados para o teste não ser mal desenhado. Consideremos primeiramente um exemplo de como essa história pode ser mal contada. Utilizando dois experimentadores, um que conta a história e um que manipula o fantoche que proferirá as sentenças-teste, vamos imaginar que se conte a história como se segue. Note que as crianças apreciam histórias em que se misturam personagens de diferentes filmes e desenhos: Pluto com Super-Homem, Buzz Lightyear com Scooby-Doo, Mônica com Darth Vader, e assim por diante. Portanto, é uma boa ideia utilizar personagens variados para manter a atenção das crianças:

(8) **Exemplo de história mal contada:**
Experimentador: Nessa história, temos o Pluto e o Super-Homem. O Pluto está imundo! Ele brincou na terra e agora tem que tomar banho. Ele vai perto da torneira e se limpa.
Fantoche: Já sei o que aconteceu nessa história! É uma história sobre o Super-Homem e o Pluto. Ele limpou o Pluto.

Note, em primeiro lugar, que o experimentador não deve proferir a sentença-teste enquanto conta a história. Para relatar que o Pluto se limpou, o experimentador disse: 'O Pluto... se limpa', isto é, ele usou o reflexivo 'se', algo que pode interferir no julgamento que a criança dará. Deve-se, pois, evitar o uso de pronomes e reflexivos quando a sentença teste possuir esses elementos. É importante deixar claro que houve uma ação reflexiva, manipulando o boneco de forma a mostrá-lo se limpando, mas sem dizer isso explicitamente – o contexto mostrará que o Pluto realizou a ação de se limpar sem que seja preciso usar o reflexivo para informar isso.

Além desse problema, a história possui um grave defeito: ela conta a história de modo a deixar óbvio que a resposta é "sim". Dito de outra forma, a história é contada de tal forma que não existe a possibilidade de ela ser falsa: o que o fantoche diz é uma simples reafirmação do que já foi dito na história. Observemos que o Super-Homem é apenas citado e não realiza nenhuma ação, tornando óbvio que não foi ele quem limpou o Pluto.

Crain e Thornton (1999) chamam a atenção para esse tipo de problema, observando que adultos nunca perguntam alguma coisa se já sabem a resposta. Isto é, pelo que foi contado, fica óbvio qual tem que ser a resposta, o que torna o processo todo evidente e cansativo para a criança. Os autores observam que as histórias têm que ser contadas de modo a haver outra possibilidade de final. Havendo outro final potencial, torna-se apropriado que se pergunte à criança sobre isso; afinal, existiriam, a princípio, duas possibilidades, e a brincadeira torna-se não óbvia: qual final o fantoche escolherá? Pragmaticamente falando, proferir uma sentença que é óbvia no contexto é uma violação do que os autores citados chamam de "condição de divergência possível" (*condition of plausible dissent*). Vejamos agora como seria uma história que respeita a condição de divergência possível:

(9) **Exemplo de história que respeita a condição de divergência possível:**
Experimentador: Nessa história, temos o Pluto e o Super-Homem. O Pluto está imundo! Ele brincou na terra e agora tem que tomar banho. *O Super-Homem decide que vai limpar o Pluto*. Mas, bem na hora que o Super-Homem pegou a mangueira pra dar um banho no Pluto, ele teve que sair correndo pra salvar uma criança em perigo! O Pluto então fica sozinho. Ele vai perto da torneira e limpa todo o seu corpo.
Fantoche: Já sei o que aconteceu nessa história! O Pluto precisa ficar limpo e o Super-Homem tenta ajudar. Ele limpou o Pluto.

Agora, há a inserção de um novo elemento na história: o Super-Homem *quase* limpa o Pluto. Nesse ponto da história, há um final possível em que o Super-Homem limpa o Pluto. No entanto, algo acontece e impossibilita esse final, e assim resta somente o final em que o Pluto se limpa. O pronome proferido pelo fantoche tem duas interpretações possíveis. Apenas uma é verdadeira de fato, mas a inserção da possibilidade de o Super-Homem limpar o Pluto torna a resposta não (tão) óbvia. Isso torna a brincadeira mais motivada e menos cansativa para a criança.

Observe também que o reflexivo 'se' foi retirado da última sentença ('Ele vai perto da torneira e limpa todo o seu corpo'), mas a sentença ainda assim deixa claro que foi o Pluto quem realizou a ação em si mesmo.

Com a história contada de forma pragmaticamente apropriada, há as duas possibilidades de interpretação para (10) enunciadas em (11):

(10) Ele limpou o Pluto.
(11) a. Ele = Pluto   (verdadeiro no contexto)
     b. Ele = Super-Homem   (falso no contexto)

Se o pronome for interpretado como Pluto, a sentença é verdadeira, mas viola um princípio sintático (o chamado Princípio C da Teoria da Ligação, que veremos no capítulo "Estudo de caso: a teoria da ligação no PB adulto e infantil"). Se a criança não souber o princípio, ela poderá interpretar o pronome dessa forma e dar uma resposta "sim" ao experimentador. A interpretação em (11b) é falsa, mas é a única possível para o adulto, que possui o Princípio C em sua gramática e, portanto, não pode interpretar o pronome como Pluto.

Assim, na TJVV, é a partir da resposta que a criança forneceu que se tem indicação sobre a interpretação que ela deu ao pronome e, consequentemente, se ela violou ou não o princípio. Ou seja, a evidência é indireta, mas confiável. O resultado se torna robusto quando o teste é feito com uma grande quantidade de crianças. Se elas fornecem o mesmo padrão de respostas, temos aí uma base para fazer afirmações mais confiáveis sobre o conhecimento (ou não) das crianças sobre o Princípio C. Além disso, é fundamental inserir várias sentenças-teste para que se consiga estabelecer, para cada criança, o seu padrão de respostas. Uma resposta correta pode ser apenas fruto do acaso, mas cinco respostas corretas, por exemplo, já são uma indicação mais forte do conhecimento da criança.

Algumas crianças têm tendência a responderem "sim" quando estão confusas ou cansadas; é o que se chama na literatura de "*yes bias*" ou "tendência ao sim". É mais comum elas adotarem o "sim" como estratégia para qualquer caso de dúvida do que o "não". Portanto, para que se tenha um experimento mais confiável, sempre se coloca como a resposta adulta o "não". Se a criança de fato sabe o princípio, ela dirá "não" e não adotará uma estratégia automática para lidar com o que já sabe.

Outra garantia de que o teste é, de fato, confiável, são as respostas que as crianças dão às sentenças distratoras, que estão intercaladas com as sentenças-teste. Como dito anteriormente, as sentenças distratoras são uma espécie de termômetro que auxilia a detectar se a criança está sendo cooperativa ou não.

Obviamente, podemos fazer adaptações nesse tipo de teste; o que foi explicitado é apenas uma ilustração geral de como um teste dessa natureza pode ser realizado. É importante mencionar que a TJVV é amplamente utilizada por pesquisadores no mundo todo e já forneceu uma grande variedade de resultados interessantes sobre o que as crianças sabem ou não das línguas que estão adquirindo. Esse método tem a vantagem de poder ser aplicado a crianças a partir de 3 anos, pois elas entendem a tarefa com facilidade, e se divertem com as histórias e na interação com o fantoche. Sua maior vantagem, no entanto, é que ele possibilita a investigação de uma grande variedade de fenômenos, apresentando sentenças às crianças e detectando as possibilidades de interpretação que elas possuem.

2.2.2 TAREFA DE JULGAMENTO DE GRAMATICALIDADE – TJG

A TJG não envolve respostas "verdadeiro" ou "falso" como no caso da TJVV, mas sim julgamentos sobre a gramaticalidade das sentenças. Nesse caso, a questão não é saber se a sentença em análise é verdadeira (para todos os efeitos, ela é); a questão é saber da criança se ela é bem formada. Mas como pedir a uma criança que fale sobre a gramaticalidade de uma sentença? Primeiramente, lembremos a distinção entre uma sentença gramatical e uma agramatical:

(12) a. *O João Maria goma de pediu bala para uma.
b. O João pediu uma bala de goma para Maria.

A sentença (12a) é agramatical no PB. Ela viola restrições na ordem com que as palavras foram ordenadas; em português, por exemplo, não se coloca a preposição 'de' antes do verbo 'pediu'. A sentença possui muitos outros problemas e é, portanto, agramatical. Qualquer adulto poderá fornecer esse julgamento, mas suponhamos agora que queremos saber isso de uma criança. Uma estratégia que já foi utilizada com bastante sucesso envolve apresentar a criança para um fantoche e dizer que ele está aprendendo a língua dela. Ele fala outra língua e, como está aprendendo o português, às vezes ele fala as coisas de um jeito errado/estranho. É pedido então à criança que o ajude e o avise toda vez que ele disser alguma coisa "errada" ou "esquisita". Imagine uma situação em que são mostrados dois sapos para a criança: um sapo estava esquiando na neve, caiu e foi carregado por um cisne. O outro sapo não caiu e se diverte enquanto esquia na neve. O fantoche descreve uma das situações e diz:

(13) * O cisne carregou o sapo [que *ele* caiu].

Antes de prosseguirmos, observe que a sentença possui uma outra interpretação (associada a outra entoação) na qual 'que' está no lugar de 'porque' e nesse caso ela é perfeita. No entanto, como as sentenças são sempre faladas para as crianças tendo um contexto claro associado a elas, essa ambiguidade não apareceria na situação experimental.

A sentença em (13) possui uma oração relativa – entre colchetes – que tem a função de restringir o conjunto de sapos a um só (no caso, ela restringe o conjunto ao sapo que caiu). Dentro da relativa, há um pronome-lembrete, que está sublinhado; esse pronome é o sujeito do verbo 'caiu'. Os falantes nativos do PB consideram agramatical colocar um pronome na posição de sujeito desse tipo de oração relativa. Basta comparar a versão com e sem o pronome para notar a diferença entre elas:

(14) O cisne carregou o sapo [que __ caiu].

O objetivo é saber se as crianças partilham esse julgamento com os adultos. Caso elas partilhem, vão advertir o fantoche de que ele falou algo do jeito "errado". Caso elas não achem a sentença agramatical, dirão que ele falou tudo certo.

Vejam que, no caso da TJG, a sentença é verdadeira e não se instrui as crianças a se pronunciarem sobre a verdade do que o fantoche falou. Aqui tudo é verdadeiro, mas pode estar dito de forma errada. A criança tem de ser treinada a prestar atenção à *forma* das sentenças, e não à sua *verdade*. Isso é mais difícil e exige bastante treinamento antes que as sentenças-teste possam ser aplicadas. Em geral, começa-se esse treinamento mostrando para as crianças sentenças claramente agramaticais como (12a). Quando está claro que a criança entendeu a tarefa, muda-se para sentenças cuja agramaticalidade tem forma mais sutil. Por fim, quando ela começa a dar somente respostas corretas, aplica-se um pré-teste, para ter certeza de que ela entendeu a tarefa. O pré-teste é geralmente composto por três sentenças agramaticais e três gramaticais. Se a criança rejeitar corretamente as três agramaticais e aceitar pelo menos duas gramaticais, ela pode ser incluída no teste. É importante que algumas sentenças do treinamento, do pré-teste e das distratoras no teste sejam agramaticais e outras sejam gramaticais. Se todas forem agramaticais, a criança pode achar que o fantoche só profere sentenças erradas, o que não é interessante. O que se almeja é que ela preste atenção a cada uma das sentenças e forneça a resposta sem tentar adiantar alguma estratégia. Para isso, é necessário alternar respostas "sim" (sentença gramatical) e "não" (sentença agramatical). O uso de sentenças distratoras aceitáveis e inaceitáveis é fundamental, da mesma forma que na TJVV.

Alguns experimentadores preferem fazer com que a tarefa da criança seja alimentar o fantoche em vez responder "sim" ou "não". Algumas crianças são tímidas e se beneficiam por não ter que falar, mas apenas fornecer ao fantoche sua comida preferida (como um inseto ou um chocolate de brinquedo), caso ele fale uma sentença correta, ou uma comida ruim (como um pedaço de pano ou pneu), caso ele fale uma sentença errada.

Da mesma forma que nos testes mencionados anteriormente, é necessário limitar a sessão a, no máximo, trinta minutos. Se necessário, é possível dividir a sessão em dois dias, para o teste não se tornar muito cansativo. Nesse caso, não se testa a mesma criança em dias consecutivos, mas se intercala um dia, para que ela possa se interessar novamente pela brincadeira.

A TJG é bastante útil quando se quer investigar o conhecimento das crianças sobre aspectos sintáticos mais complexos. Para tanto, é necessário manipular as sentenças de forma a isolar aspectos irrelevantes e ter o controle sobre o que a criança ouvirá e em que contexto.

No entanto, o método de julgamento de gramaticalidade só é utilizado quando o método de julgamento de valor de verdade não é apropriado. A razão para isso é que existem algumas desvantagens nesse método. Ele não pode ser aplicado em crianças muito novas, abaixo de 3 anos e 6 meses de idade, pois elas não entendem a tarefa facilmente. Além disso, elas têm dificuldade em prestar atenção na forma das sentenças, estando inclinadas a julgar seu valor de verdade. Mesmo com as crianças mais velhas, despende-se muito tempo com o treinamento. Contudo, quando se consegue treiná-las, elas apresentam um comportamento confiável, que pode ser avaliado e assim trazer informações relevantes sobre seu conhecimento linguístico.

2.2.3 TAREFA DE ENCENAÇÃO (ACT OUT TASK)

Numa tarefa de encenação, a criança ouve uma sentença e tem que encenar, com brinquedos disponíveis no ambiente, aquilo que ouviu. Uma vantagem dessa tarefa é permitir que a criança seja livre para interpretar a sentença à sua maneira, sem que o pesquisador estabeleça, de saída, possíveis interpretações dentre as quais ela deve escolher uma. Isso é bem-vindo, pois pode mostrar interpretações que o pesquisador não antecipava. Outra vantagem desse método é que ele é facilmente aplicável. As crianças, a partir dos 3 anos, entendem de imediato a tarefa e pouco tempo é gasto para treiná-las ou mesmo para treinar os pesquisadores que vão aplicar o teste. Finalmente, essa tarefa é divertida para as crianças, que em geral participam entusiasticamente, já que gostam de manusear brinquedos diferentes e divertidos.

Imaginemos um exemplo. Podemos disponibilizar para a criança um boneco do Pluto, um boneco do Super-Homem, uma toalhinha e dizer: "Temos aqui o Pluto e o Super-Homem. Mostre *ele limpando o Pluto*". Se a criança tiver o Princípio C em sua gramática, a interpretação em que o Pluto se limpa não será considerada, e a criança encenará o Super-Homem limpando o Pluto com a toalha (como vimos anteriormente na discussão sobre TJVV). No entanto, se a criança não possuir essa restrição, ela poderá encenar o Pluto se limpando. Após aplicar o teste em um número considerável de crianças (não menos que vinte), pode-se ver quão forte é a rejeição pela interpretação que viola o Princípio C. Se muitas crianças encenarem o Pluto se limpando, este resultado será evidência de que elas não possuem essa restrição, mas se essa encenação for realizada em poucos casos, haverá indícios de que elas possuem o princípio em suas gramáticas. Assim, para casos de referência de pronomes, os testes de encenação são bastante úteis, tendo sido utilizados por diversos pesquisadores em várias línguas.

Apesar desses pontos positivos, são conhecidas algumas desvantagens desse método. Por exemplo, a tarefa exige bastante atenção da criança, que tem de ouvir a sentença, processar o que ouviu, planejar como fará a encenação e executá-la. Nesse processo, ela pode se esquecer do verbo proferido ou até mesmo da ordem em que os personagens foram mencionados. Para minimizar esse problema, o ideal é que as sentenças proferidas sejam curtas e sem muitos personagens, para garantir que déficits de memória não interfiram no desempenho das crianças. Outra questão potencialmente problemática é que a tarefa permitirá visualizar apenas uma das interpretações que a criança pode atribuir à sentença. Caso ela seja ambígua para a criança, permitindo uma interpretação indisponível para o adulto, por exemplo, talvez não seja possível detectá-la, já que a criança encenará o que ouviu apenas uma vez. Outro problema é que alguns predicados são impossíveis de encenar, como verbos de estados mentais ('pensar', 'estar feliz' ou 'gostar'), e algumas estruturas são incompatíveis com o método, como perguntas, que não podem ser encenadas. Do mesmo modo que na TJG, crianças menores de 3 anos têm grande dificuldade com esse método, pois não conseguem realizar a ação completamente, dada a sua complexidade.

Além desses problemas, Goodluck (1996) menciona que, às vezes, a criança utiliza um personagem na encenação somente porque ela já o segurava em sua mão (a estratégia chamada de "*bird-in-the-hand*", "pássaro na mão", por Goodluck). Imagine que a criança ouve a sentença:

(15) O cachorro beijou o cavalo que empurrou a ovelha.

Imagine que ela faça 'o cachorro' ser o sujeito tanto do verbo 'beijou' quanto do verbo 'empurrou'. Essa encenação mostra uma interpretação impossível para o adulto, que interpreta 'o cavalo' como sujeito de 'empurrou'. Antes de se inferir que tal encenação reflete uma gramática distinta entre adultos e crianças, tem-se que excluir a hipótese de que a criança usou 'o cachorro' para encenar o segundo sujeito simplesmente porque ela já estava segurando esse brinquedo quando planejava a encenação da segunda oração. De acordo com Goodluck, essa estratégia é comum nas crianças e não pode ser analisada como uma falta de conhecimento por parte delas, mas apenas como um modo de lidar com os déficits de processamento. Há evidência independente, conseguida com outros métodos, para garantir que as crianças sabem interpretar orações relativas e por isso podem-se excluir essas respostas. No entanto, nem sempre haverá respaldo em outros resultados para excluir respostas com esse tipo de estratégia e, por isso, muita cautela é necessária.

Em síntese, a tarefa de encenação é um método eficaz, que apresenta diversas vantagens, como a possibilidade de desvendar interpretações que as crianças potencialmente possuem e que não poderiam ser reveladas em outros testes. No entanto, o método também possui algumas desvantagens e o pesquisador deve avaliar se o que quer testar é de fato compatível com este método.

2.2.4 TAREFA DE ESCOLHA DE FIGURAS

A tarefa de escolha de figuras é uma atividade em que a criança tem que escolher, dentre duas ou mais figuras mostradas simultaneamente, aquela que corresponde ao que ela ouviu do experimentador. A vantagem dessa tarefa é que ela é bastante eficiente: pode ser aplicada de forma rápida e fornecer dados de um grande número de crianças em pouco tempo. Vejamos um exemplo:

(16) Nessas figuras, temos o Super-Homem e o Pluto. Escolha a figura em que ele limpa o Pluto.

A criança verá, então, figuras enfileiradas, mostradas uma ao lado da outra. Pode ser, por exemplo, que em uma delas o Super-Homem limpa o Pluto, na outra o Pluto se limpa e na terceira Pluto limpa o Super-Homem. Se a criança possuir o Princípio C em sua gramática, ela não escolherá a figura em que o Pluto se limpa. Assim, a partir da figura que ela escolher, será possível saber se ela permite a violação do Princípio C ou não.

Deve-se variar a posição da figura com respeito à resposta correta: uma vez a figura correta é a mais à esquerda, na vez seguinte é a mais à direita, e assim por diante, a fim de evitar que a criança associe uma posição fixa com a resposta correta.

Aqui, novamente, é necessário incluir eventos distratores, em que a sentença proferida e as figuras mostradas nada têm a ver com o fenômeno em estudo. As distratoras podem ser, por exemplo, sentenças sobre verbos estativos como 'o cachorro está dormindo no sofá', caso em que serão mostradas uma figura de um cachorro dormindo no sofá, uma figura de um cachorro comendo no sofá e outra de um gato dormindo no sofá.

Observe que as figuras que aparecem juntamente com a figura correta são, de certa forma, figuras distratoras. É possível ter uma, duas ou três figuras distratoras juntamente com a figura correta. O ideal, para efeitos de análise estatística, é ter quatro figuras no total. No entanto, nem sempre é possível ter três figuras distratoras igualmente plausíveis para incluir no teste. Se uma das figuras é obviamente errada, a sua presença é indiferente e, portanto, pode ser retirada sem custos. Apesar disso, todos os itens têm de ter o mesmo número de figuras distratoras.

É imprescindível que as figuras estejam na mesma folha e tenham o mesmo tamanho e o mesmo estilo de cores. Se uma das figuras estiver maior, mais proeminente ou mais colorida, ela pode chamar mais a atenção da criança, que a escolherá por motivos irrelevantes para o teste.

3. RESUMINDO...

Examinamos uma série de métodos utilizados para o estudo da aquisição da linguagem. Começamos discutindo os dados obtidos na produção espontânea e vimos que, apesar de fornecer um panorama claro sobre as estruturas que a criança utiliza, esse método pode não fornecer informações sobre o que a criança sabe de fato.

Para nos mostrar efetivamente qual é o conhecimento que as crianças têm, discutimos longamente a obtenção de dados por métodos experimentais. Relacionamos dois tipos básicos de tarefas: as de produção e as de compreensão. Nas tarefas de produção, vimos que podemos tentar eliciar estruturas em contextos lúdicos fazendo perguntas para as crianças, ou podemos pedir para que a criança imite certas construções (que só serão imitadas corretamente se a criança já possui aquelas estruturas). Nas tarefas de compreensão, examinamos quatro tipos de tarefas: (a) Tarefa de Julgamento de Valor de Verdade – TJVV; (b) Tarefa de Julgamento de Gramaticalidade – TJG; (c) Tarefa de encenação (*act out task*); e (d) Tarefa de escolha de figuras. Observamos também que a escolha por qualquer um desses métodos depende muito do tipo de fenômeno gramatical que está sob investigação.

Os métodos elencados aqui não exaurem a gama de possibilidades existentes. Outros métodos podem ser encontrados na literatura e tantos outros podem ser criados pelo pesquisador, além de existir a possibilidade de se adaptar um método já existente para situações particularizadas. Os métodos discutidos são os mais utilizados e é frequente vermos adaptações para construções de línguas específicas. Ao trazer dicas e discussões sobre problemas potenciais, esperamos contribuir para que você possa construir seu próprio experimento e conduzi-lo de forma eficaz.

Após a aplicação dos testes, é imprescindível a análise estatística dos dados. Isso é necessário porque é raro que se obtenha 100% de comportamento adulto ou 0% dele. E como saber se 70% de respostas corretas é uma (boa) indicação de um comportamento adulto? Somente comparando-se estatisticamente dados infantis e adultos é que se consegue chegar a alguma conclusão. Portanto, a pesquisa não termina com a coleta dos dados. Conclusões mais claras serão obtidas somente após uma análise estatística. No entanto, realizar a análise estatística é algo que requer treinamento nos diversos métodos e testes existentes. Uma consulta a estatísticos profissionais é uma alternativa para quem não possui tal treinamento.

Deve ficar claro que os experimentos mencionados investigam o conhecimento que as crianças adquirindo uma língua possuem, e não são uma tentativa de caracterizar uma criança ou um grupo de crianças *per se*. Após contabilizarmos as respostas de todas as crianças, testes estatísticos são realizados para estabelecermos as generalizações. A intenção é capturar tendências que elas, num determinado momento de seu desenvolvimento, apresentam. Essas tendências são então comparadas às respostas dadas pelos adultos e por crianças de outros grupos etários. Comparações também são feitas com resultados obtidos em outros estudos, utilizando outros métodos e outras línguas.

É necessário entrevistar um número considerável de crianças para propor generalizações confiáveis e consistentes. E é somente com a convergência de resultados através de vários estudos e métodos diferentes e em línguas diferentes que será possível identificar restrições abstratas no curso de aquisição. Com essa robustez de evidências, conseguiremos trazer argumentos fortes para postular o conteúdo da Gramática Universal, detectando fases intermediárias no processo de crianças adquirindo uma língua.

Leituras sugeridas

O livro de McDaniel, McKee e Cairns (1996) traz capítulos sobre metodologias em Aquisição de Linguagem, sendo bastante elucidativo e escrito de forma acessível. O livro de Crain e Thornton (1999) também traz uma discussão detalhada de diversos métodos para investigação em Aquisição de Linguagem, além de uma introdução aos estudos na área. Em particular, Thornton (1990) é um estudo pioneiro no método de obtenção de dados conhecido por tarefa de produção eliciada. Para aprofundar a discussão sobre esse método, sugerimos a você consultar Thornton (1996). Mas, atenção, pois todos esses livros estão em inglês! Em Grolla (2009a) você encontra algo a mais dessa discussão geral em português.

Neste capítulo, não discutimos métodos experimentais para condução de pesquisa com bebês, isto é, com crianças de menos de 2 anos de idade.

Para uma introdução a tais métodos, ver Name e Corrêa (2006) e as referências lá citadas.

Se você se interessou pelo funcionamento da plataforma Childes, a leitura de MacWhinney (1991) e MacWhinney e Snow (1985) será de grande valia.

Exercícios

1. Qual é a diferença entre métodos espontâneos e métodos experimentais?
2. Quais métodos são mais indicados para testarmos crianças muito novas, com menos de 3 anos de idade? Por quê?
3. Imagine que queremos investigar como as crianças produzem orações relativas (como 'essa é a melancia [que a Magali está cortando (ela)]') no PB. Utilizando a tarefa de produção eliciada, como você construiria o experimento? Que contextos você forneceria? Faça um pequeno experimento-piloto.
4. Por que a inclusão de sentenças distratoras em um experimento é importante?

ESTUDO DE CASO: A TEORIA DA LIGAÇÃO NO PB ADULTO E INFANTIL

Objetivos gerais do capítulo:

- apresentar a aquisição de um fenômeno específico, com o objetivo de exemplificar como esse tipo de investigação procede.
- estudar o conjunto de formas nominais e de suas possibilidades de correferência no PB e como se dá sua aquisição.

Objetivos de cada seção:

- 1: apresentar a Teoria da Ligação no PB adulto.
- 2: apresentar e investigar a Teoria da Ligação no PB infantil.
- 3: conclusões alcançadas.

Recapitulando...

Anteriormente, discutimos certas características do fenômeno da fala e da aquisição da linguagem e examinamos evidências em favor de um tratamento racionalista para a aquisição. Discutimos também metodologias utilizadas para obter dados de crianças, já que não é possível perguntar diretamente os juízos de gramaticalidade que elas dariam a alguma construção.

Nesta última parte do nosso estudo, vamos nos debruçar sobre um problema específico: a aquisição de um conjunto de formas nominais e de suas possibilidades de correferência no PB. Por isso, faremos uma revisão do conhecimento que a Teoria Gerativa acumulou com respeito à distribuição das formas nominais das línguas humanas, ao mesmo tempo em que examinaremos os dados do PB adulto, para ver precisamente o que a criança recebe como *input*. Em seguida, vamos examinar alguns experimentos já conduzidos sobre a aquisição de formas anafóricas, pronominais e de DPs lexicais em crianças adquirindo o PB, discutindo detidamente seus resultados.

1. A TEORIA DA LIGAÇÃO NO PB ADULTO

As teorias gramaticais de um modo geral dão grande importância ao estudo da distribuição das formas nominais nas línguas humanas. Por exemplo, a Gramática Tradicional (doravante GT) tem um longo capítulo discutindo os substantivos – no qual vemos várias subdivisões ou subclassificações desses elementos, como a que se estabelece entre nomes próprios e comuns, concretos e abstratos etc. – e mais um longuíssimo capítulo discutindo o que ela chama de pronomes. Aqui, adotaremos um ponto de vista distinto por conta de uma série de problemas que a abordagem da GT apresenta. Vamos comentar alguns deles com o intuito tanto de justificar o fato de adotarmos uma abordagem alternativa quanto o de esclarecer a terminologia que utilizaremos.

O primeiro problema que discutiremos é a definição de pronome. Para a GT, pronome é aquele elemento que substitui o nome; seus exemplos são como os em (1a, 1b). Observe, no entanto, que essa definição não é precisa, dado o que vemos em (1c, 1d):

(1) a. Pluto é um cachorro.
     b. Ele é um cachorro.
     c. A mesa é de madeira.
     d. *A ela é de madeira.

Como mostra (1d), se substituímos apenas o nome (comum, no caso) pelo pronome (ou seja, 'mesa' por 'ela'), o que obtemos é uma sentença agramatical. Portanto, essa formulação não é precisa. O que devemos dizer é que, se é verdade que o pronome substitui alguma coisa, é o sintagma nominal inteiro que ele substitui – ao qual atribuímos a sigla DP, de *"determiner phrase"*, como você deve se lembrar do final da seção 3 do capítulo "Em defesa de uma abordagem racionalista".Contudo, a ideia mesma de substituição de formas não é adequada, porque seria muito surpreendente que uma substituição feita não pudesse ser desfeita – dito de outro modo, se é possível trocar "a" por "b", então deve ser possível também trocar "b" por "a". É verdade que nos casos em (1a, 1b) não há qualquer problema em fazer isso porque as formas nominais nas sentenças parecem ser de fato intercambiáveis, mas exemplos como os em (2) mostram que nem sempre é possível desfazer a suposta substituição – usamos índices subscritos aos DPs para indicar seu referente, de modo que índices iguais indicam o mesmo indivíduo no mundo:

(2) a. O Pluto$_i$ se$_i$ lavou.
 b. *Ele$_i$ lavou o Pluto$_i$.

A agramaticalidade de (2b) se deve ao fato de que queremos que o pronome e o nome próprio façam referência ao mesmo indivíduo, o que não é possível em sentenças simples do PB. Aliás, essa é uma das conclusões mais interessantes a que o nosso quadro teórico nos permite chegar: ao contrário do que se poderia pensar à primeira vista, as relações de correferência entre as diferentes formas nominais dependem muito do tipo de DP que temos em mãos e da estrutura sintática na qual ele ocorre.

Antes de prosseguirmos, contudo, devemos esclarecer a terminologia utilizada aqui. Para a GT, dentre os vários tipos de nomes e pronomes, existem: (a) os nomes próprios ou comuns, como 'Pluto' e 'mesa'; (b) os pronomes pessoais do caso reto, como 'eu' ou 'eles'; e (c) os pronomes pessoais do caso oblíquo, que podem ser formas átonas, como 'se' ou 'a', ou formas tônicas, como 'si' ou 'mim'. No entanto, a GT não leva em conta a diferença que essas formas exibem com respeito aos seus possíveis referentes. Em particular, tanto 'se' quanto 'o' são pronomes oblíquos átonos, mas as sentenças em (3) mostram que as possibilidades de indexação referencial (os índices subscritos às formas em análise) desses elementos diferem radicalmente:

(3) a. O Pluto$_i$ se$_i$ lavou.
 b. *O Pluto$_i$ se$_k$ lavou.
 c. *O Pluto$_i$ o$_i$ lavou.
 d. O Pluto$_i$ o$_k$ lavou.

Observe que a única possibilidade de uma sentença bem formada com 'se' está em (3a), em que 'se' e 'o Pluto' têm o mesmo referente; tentar fazer 'se' referir-se a outro indivíduo tem resultado agramatical, como mostra (3b). O contrário se verifica com o pronome 'o' (e o mesmo se daria com o pronome 'ele', mas a GT diz que não podemos usar 'ele' na posição de objeto direto do verbo...): aqui, 'o' e 'o Pluto' devem fazer referência a seres distintos, como em (3d); tentar fazê-los referirem-se ao mesmo ser resulta em agramaticalidade, como mostra (3c).

Dado que estamos preocupados em explicar o modo como interpretamos as relações de correferência entre os diversos tipos de DPs, que para nós abarcam tanto os nomes quanto os pronomes da GT, vamos estabelecer uma divisão diferente entre esses elementos: vamos chamar 'ela', 'a' ou 'mim'

> 'Se' é ambíguo quanto às interpretações reflexiva e recíproca em sentenças com sujeito plural, como 'Os meninos se machucaram', já que tanto é possível a interpretação em que cada menino machucou a si mesmo – a interpretação reflexiva – quanto aquela em que um menino machucou o outro – a interpretação recíproca.

de *pronomes*, enquanto 'se' (quando com interpretação reflexiva ou recíproca) ou 'si' serão chamados de *anáforas*. Este último conjunto inclui também a expressão 'um P o outro', em que P vale por uma preposição (como 'um ao outro' ou 'um com o outro'), que tem interpretação recíproca. Vamos chamar de *expressões referenciais* ou *expressões-R* aos DPs lexicais formados por nomes próprios, como '(o) João', ou comuns como 'o menino (de boné azul)'. Vamos ver no que se segue por que devemos diferenciá-los.

O quadro a seguir resume essas primeiras observações concernentes ao quadro teórico que estamos adotando aqui:

TIPO DE NOMINAL	EXEMPLOS
Anáforas	O Pluto$_i$ se$_i$ lavou.
	Os meninos$_i$ lavaram **um ao outro$_i$**.
Pronomes	O Pluto$_i$ o$_k$ lavou.
	Ele$_i$ lavou o Pluto$_k$.
Expressões-R	**Os meninos$_i$ lavaram o Pluto$_k$**.

1.1 Princípio A

As anáforas, como 'se' (e seu equivalente tônico 'si') ou expressões como 'um P o outro', são elementos especiais porque fazem algumas exigências com respeito à estrutura sintática em que podem aparecer. Em particular, itens anafóricos exigem a presença do elemento com o qual se identificam referencialmente, que nós chamaremos de *antecedente*. Em (4) temos um exemplo dessa restrição:

(4) a. O Pluto$_i$ se$_i$ lavou.
 b. *O Pluto$_i$ se$_k$ lavou.
 c. [O Pluto e o Super-Homem]$_i$ lavaram [um ao outro]$_i$.
 d. *[O Pluto e o Super-Homem]$_i$ lavaram [um ao outro]$_k$.

Enquanto (4a) e (4c) são perfeitas porque as formas anafóricas partilham o mesmo índice referencial que um outro elemento nominal da sentença, seu antecedente; (4b) e (4d) são impossíveis com a interpretação pretendida porque a anáfora não tem antecedente, já que os únicos DPs presentes na construção não portam o mesmo índice da anáfora. Assim, dizemos que as anáforas são dependentes referencialmente de um outro DP com quem devem partilhar o índice referencial e também traços de pessoa, de gênero e de número.

Não basta, todavia, garantir simplesmente a presença do antecedente da anáfora, porque (5b) é agramatical com a indexação sugerida, apesar de haver na construção um outro DP que exibe o mesmo índice referencial que a anáfora:

(5) a. [O amigo do Batman]$_i$ se$_i$ machucou.
 b. *[O amigo d[o Batman]$_i$]$_k$ se$_i$ machucou.

Se o antecedente da anáfora é o DP 'o amigo do Batman', como em (5a), a sentença é gramatical; porém, se o antecedente é o DP 'o Batman', como em (5b), a sentença é impossível com a interpretação pretendida: a anáfora 'se' não pode ser referencialmente dependente de 'o Batman', isto é, essa sentença não pode receber a interpretação de que o amigo do Batman machucou o Batman.

Note que simplesmente a noção de precedência linear não é adequada para descrever o que acontece em (5), porque nas duas sentenças o antecedente precede a anáfora. Se fosse uma simples questão de precedência linear, isso seria facilmente detectável no *input*. No entanto, não é esse o caso. Precisamos de uma noção que leve em conta as relações hierárquicas entre os constituintes, e é por isso que uma noção como a de "c-comando" é mais adequada. Essa noção pode ser definida do seguinte modo:

(6) C-COMANDO: a c-comanda b se e somente se b é o irmão de a ou se b é dominado pelo irmão de a.

A noção de c-comando

Uma representação arbórea pode ajudar a entender o conceito de *c-comando*, crucial para o estudo que estamos desenvolvendo aqui:

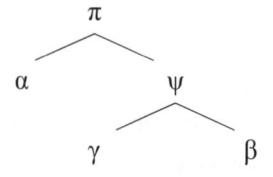

```
        π
       / \
      α   ψ
         / \
        γ   β
```

Vejamos primeiramente o conceito de *dominância*. Uma categoria qualquer X domina uma outra categoria qualquer Y se é possível construir um percurso puramente descendente entre X e Y numa representação arbórea como a que vemos aqui. Por exemplo, aqui π domina γ e domina também β. Mas γ, por exemplo, não domina α, porque o percurso que vai de γ a α é primeiramente ascendente (até π) para só depois ser descendente.

Definimos como *nódulos* (ou nós) *irmãos* aqueles nódulos que são dominados imediatamente pela mesma categoria e não estão em relação de dominância um com relação ao outro. No caso da nossa árvore, α e ψ são nódulos irmãos, porque são ambos dominados por π e não há relação de dominância entre eles (o percurso que liga α e ψ é primeiramente ascendente para depois ser descendente).

Retomando a definição de c-comando – um nó qualquer X c-comanda um outro nó qualquer Y se e somente se Y é o irmão de X ou se Y é dominado pelo irmão de X –, observe agora que, na árvore, α c-comanda ψ exatamente porque são nódulos irmãos. Do mesmo modo, ψ c-comanda α, pela mesma razão: são nódulos irmãos. Além disso, α c-comanda β porque, embora β não seja irmão de α, β é dominado pelo irmão de α, que é ψ.

Assim, a segunda exigência feita pela anáfora se deixa descrever pela seguinte generalização: só um DP que c-comande a anáfora pode contar como seu antecedente. Vejamos primeiramente a representação em árvore de (5a) em (7):

> IP é a sigla que usamos para a categoria da flexão verbal (*Inflection*, do inglês). Na posição de núcleo I vemos no português o morfema que exprime o tempo e o modo do verbo e a concordância de número e pessoa com o sujeito.

(7)

```
                IP
              /    \
           DP_i     I'
        [O amigo   /  \
        do Batman]_i  I    VP
             se_i+machucou  .......
```

Vamos agora aplicar a definição de c-comando aqui. A primeira pergunta é: quem deve ser o "a" e quem deve ser o "b" da definição? Nós queremos que o antecedente c-comande a anáfora; portanto, o antecedente deve ser a e a anáfora deve ser b, certo?

Então vamos lá: o DP 'O amigo do Batman' c-comanda 'se'? A resposta é sim, porque, embora 'se' não seja irmão do DP 'O amigo do Batman', a anáfora em I é dominada pelo irmão do DP_i que é I'. Assim, o DP_i é um antecedente adequado para a anáfora 'se'.

Examinemos agora a representação de (5b) na árvore em (8)

(8)

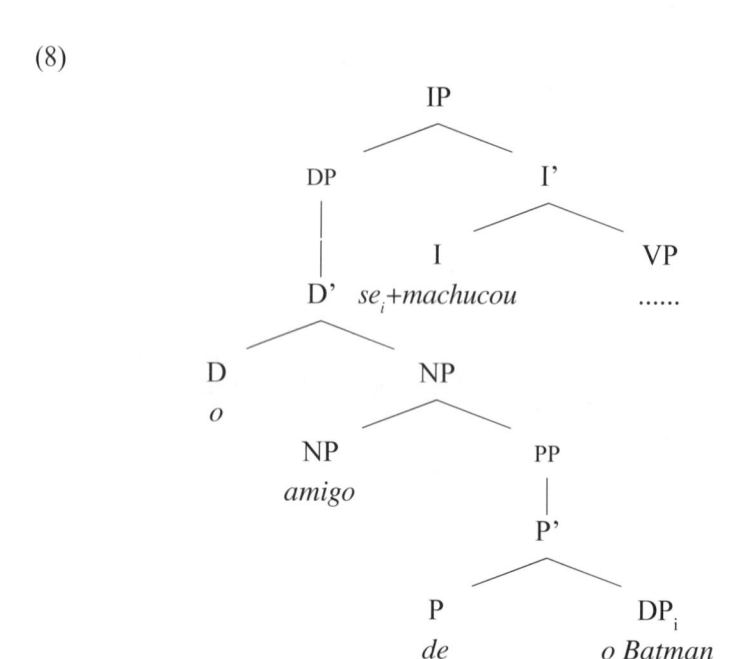

```
                IP
              /    \
            DP      I'
            |      /  \
            D'    I    VP
          se_i+machucou  ......
         /   \
        D    NP
        o   /   \
          NP    PP
         amigo   |
                 P'
               /    \
              P     DP_i
             de   o Batman
```

Em (8), é fácil ver que o DP_i não c-comanda 'se': 'se' não é nem o irmão do DP_i nem é dominado pelo irmão de DP_i (o irmão de DP_i é P).

Portanto, não é suficiente que a anáfora seja c-comandada por um DP qualquer (o DP mais alto de nossa árvore em (8) c-comanda 'se', como você pode conferir aplicando a definição), mas é fundamental que o DP que a c-comanda porte o mesmo índice referencial que ela. A essa combinação de fatores – ser c-comandado por um elemento que porta o mesmo índice referencial – chamamos *ligação*. Assim, dizemos que as anáforas têm que ser ligadas.

> Atenção: "ligação" aqui é um termo técnico, que é exatamente essa junção de fatores: um elemento nominal será ligado se ele for c-comandado por seu antecedente, isto é, por outro elemento que porte o mesmo índice referencial.

Entretanto, mesmo que a exigência de ligação da anáfora resolva o problema do contraste em (5), ela ainda não explica todos os casos de impossibilidade de ocorrência de anáforas. Em particular, o contraste de gramaticalidade em (9) diz que o antecedente deve estar "bastante próximo" da anáfora:

(9) a. O Pluto$_i$ disse que o Super-Homem$_k$ se$_k$ machucou.
b. *O Pluto$_i$ disse que o Super-Homem$_k$ se$_i$ machucou.

Observe que nessas sentenças o requisito da ligação é cumprido – tanto em (9a) quanto em (9b) a anáfora possui um antecedente que a c-comanda (é um ótimo exercício para o leitor averiguar isso aplicando a definição de c-comando em (6) a essas sentenças). Portanto, essa ainda não pode ser a história inteira: a anáfora deve estar ligada em um certo *domínio sintático*.

Como podemos identificar esse domínio? Na literatura em Teoria Gerativa, ele é conhecido como *categoria de regência*. Para os nossos propósitos aqui, é suficiente tomar uma definição bem simplificada de categoria de regência: é a sentença na qual a anáfora ocorre. É preciso dizer duas coisas, porém: a primeira é que a anáfora deve estar sempre na posição de objeto dessa frase – anáforas em posição de sujeito de sentenças finitas são sempre malformadas, como mostra (10):

(10) *Um ao outro$_i$ se$_i$ machucaram (o Pluto e o Super-Homem).

A segunda observação é que a sentença deve exibir morfologia de concordância número-pessoal. Já se observou que há línguas que admitem uma anáfora em uma sentença infinitiva ligada pelo sujeito da frase superior. Este é o caso do dinamarquês, mas o infinitivo verbal é um contexto gramatical em que não há morfologia de concordância no verbo. Mais surpreendentes são os casos de línguas que jamais exibem morfologia de concordância no verbo mesmo em sentenças finitas, como o chinês, que permitem estruturas similares a (9b), retomada em (11) (uma sentença impossível no PB, que exibe morfologia verbal em sentenças finitas).

(11) *O Pluto$_i$ disse que o Super-Homem$_k$ se$_i$ machucou.

Na verdade, a presença de morfologia de concordância entre o sujeito e o verbo parece ser decisiva mesmo, porque no português temos a possibilidade de montar sentenças encaixadas infinitivas que exibem marcas

> Infinitivos pessoais são as formas verbais que aparecem em sentenças infinitivas exibindo flexão de concordância de número e pessoa do sujeito no verbo, como em 'a menina viu os meninos saír*em*'. Dentre as línguas românicas, o português é a única grande língua que admite essa possibilidade.

135

número-pessoais sobre o infinitivo, sublinhadas em (12a) – os assim chamados infinitivos pessoais. Neste tipo de construção sintática, observamos que a anáfora deve encontrar seu antecedente dentro da sentença infinitiva, como mostra o contraste em (12b, 12c):

(12) a. O Pluto mandou as crianças desenhar<u>em</u>.
 b. [O Pluto e o Super Homem]$_i$ mandaram [os meninos]$_k$ [se]$_k$ lavar<u>em</u>.
 c. *[O Pluto e o Super Homem]$_i$ mandaram [os meninos]$_k$ [se]$_i$ lavar<u>em</u>.

Por conta desses fatos, os estudiosos acham que, para definir categoria de regência, é importante ter em conta que esse espaço sintático deve conter um sujeito diferente da anáfora (isto é, que não é a própria anáfora, embora possa estar coindexado com ela) e também deve conter flexão. Voltaremos a falar de categoria de regência quando falarmos da distribuição dos pronomes.

Estamos agora em condições de enunciar o Princípio A da Teoria da Ligação:

(13) **Princípio A**: as anáforas devem ser ligadas em sua categoria de regência.

Desse modo, a anáfora é um nominal referencialmente dependente, que exige por isso a presença de outro nominal com o qual está coindexada – o seu antecedente – e este antecedente deve c-comandar a anáfora dentro de um espaço sintático preciso, que é onde está um sujeito distinto da anáfora e onde há flexão número-pessoal.

Na próxima seção, vamos examinar como se distribuem os pronomes.

1.2 Princípio B

O que estamos chamando de pronome em nossa teoria é aquilo que a GT chama de "pronomes pessoais" – exceto os reflexivos e os recíprocos, que constituem o conjunto das anáforas que acabamos de estudar. O que precisamos fazer agora é mostrar que os pronomes têm propriedades de distribuição distintas das anáforas, pois de outro modo não se justificaria nossa hipótese de que eles constituem um grupo diferente do delas.

Vamos começar examinando (14):

(14) a. O Pluto$_i$ molhou o Super-Homem$_k$.
b. O Pluto$_i$ o$_k$ molhou.
c. O Pluto$_i$ molhou ele$_k$.

A primeira observação a ser feita é com respeito ao tipo de pronome que utilizamos no PB na posição de objeto do verbo. Embora a GT insista na existência das formas átonas como o pronome 'o' que vemos em (14b), o fato concreto é que formas como essas estão restritas predominantemente à linguagem escrita; na fala cotidiana, os adultos falantes do PB preferem utilizar o pronome tônico, dando lugar a sentenças como (14c), em particular quando o referente do pronome é de tipo [+animado]. Como o *input* da criança é o que ela escuta dos adultos à sua volta, apenas sentenças como (14c) nos interessam aqui e é sobre elas que nos debruçaremos. Ressaltamos, porém, que todas as propriedades de distribuição que identificarmos para a forma 'ele' também se aplicam à forma átona 'o'.

Primeiramente, observamos que os pronomes precisam de um referente no discurso, isto é, são também dependentes de algum outro DP para ter a sua referência completamente estabelecida. No entanto, a gramaticalidade de (15) mostra que esse processo não é necessariamente efetuado dentro da gramática, podendo ser feito por dêixis simples (isto é, com o pronome estabelecendo seu referente diretamente na situação discursiva, via o contexto de uso):

(15) Ele chegou.

Além da possibilidade de referência dêitica, o pronome também pode ter um antecedente gramaticalmente estabelecido. Neste caso, contudo, vemos a ação de certas restrições sobre a relação entre um pronome e seu antecedente. Por exemplo, o pronome 'ele' pode se referir a qualquer DP do gênero masculino, como mostra o índice k em (14c), menos ao DP 'o Pluto', como atesta a agramaticalidade de (16):

(16) *O Pluto$_i$ molhou ele$_i$.

Exatamente ao contrário de 'se' em (4a), pronomes não precisam ter um antecedente, mas, se ele está presente, não pode c-comandar o pronome. Uma prova disso é que, se o antecedente não c-comanda o pronome, a sentença é perfeita – compare (17a) e (17b) com as sentenças que exibem anáforas na mesma construção gramatical, como vimos em (5a, 5b), repetidas abaixo em (18):

(17) a. *[O amigo do Batman]$_i$ machucou ele$_i$.
    b. [O amigo d[o Batman]$_j$]$_k$ machucou ele$_j$.
(18) a. [O amigo do Batman]$_i$ se$_i$ machucou.
    b. *[O amigo d[o Batman]$_j$]$_k$ se$_j$ machucou.

A comparação de (17) e (18) mostra que exatamente na configuração em que a anáfora não pode ser interpretada como correferente ao DP 'o Batman' porque esse DP não a c-comanda (18b), o pronome pode tê-lo como antecedente, como mostra (17b). Por outro lado, a agramaticalidade de (17a) mostra que a configuração na qual a anáfora pode ter DP$_i$ como antecedente, (18a), não é uma boa configuração para um pronome.

Portanto, aparentemente anáforas e pronomes exibem o que se costuma chamar de distribuição complementar em teoria linguística: onde vemos um, não podemos ver o outro (com a mesma interpretação, é claro). Será que isso é verdade para todos os contextos?

Há pelo menos mais um contexto gramatical em que a distribuição complementar ocorre: as sentenças subordinadas. Lembremos que as anáforas não podem encontrar seu antecedente fora da oração subordinada finita ou com infinitivo pessoal em que se encontram, mesmo que a condição de c-comando seja respeitada (o que foi ilustrado pelo exemplo (12c) discutido anteriormente). O pronome, contudo, é possível nessas mesmas circunstâncias, como mostra a gramaticalidade das sentenças a seguir – observe que tanto faz se o pronome está em uma sentença encaixada finita, como (19a), ou em uma sentença encaixada no infinitivo pessoal, como em (19b). Compare (19a, 19b) com (20a, 20b):

(19) a. O Pluto$_i$ disse que o Super Homem$_k$ machucou ele$_i$.
    b. [O Pluto e o Super Homem]$_i$ mandaram [os meninos]$_k$ lavar<u>em</u> [eles]$_i$.

(20) a. *O Pluto$_i$ disse que o Super Homem$_k$ se$_i$ machucou.
    b. *[O Pluto e o Super Homem]$_i$ mandaram [os meninos]$_k$ se$_i$ lavar<u>em</u>.

Assim, para os contextos gramaticais de orações matrizes, orações subordinadas finitas e orações subordinadas com infinitivo pessoal, anáforas e pronomes exibem comportamentos complementares. Por isso, se dizemos que a anáfora deve ser ligada na sua categoria de regência, devemos dizer que o pronome *não* deve ser ligado (isto é, deve ser livre) na sua categoria de regência (que é aparentemente o mesmo espaço sintático, isto é, a sentença na qual se encontra esse elemento). Chegamos assim ao Princípio B da Teoria da Ligação:

(21) **Princípio B**: os pronomes devem ser livres em sua categoria de regência.

Não é tarde demais para notar que "estar ligado" é uma condição dupla, por assim dizer: o elemento deve ser c-comandado por algum DP e, além disso, deve portar o mesmo índice que esse DP. Portanto, para estar livre, basta que o elemento desrespeite uma das condições: se há um DP com o mesmo índice que ele na construção, esse elemento não pode c-comandar o pronome; ou, se um certo DP o c-comanda, esse DP não deve portar o mesmo índice referencial que o pronome.

Pronomes e anáforas em PPs

Nem toda a verdade está dita até aqui, porque há contextos gramaticais em que tanto um pronome quanto uma anáfora são possíveis, como mostra (i) a seguir:

(i) a. O Pluto$_i$ só pensa em si$_i$.
b. O Pluto$_i$ só pensa nele$_i$.

É preciso dizer que as sentenças em (i) não são uma unanimidade entre os falantes de português brasileiro, mas muitos acham ambas fundamentalmente boas e aceitáveis. O contexto gramatical em jogo aqui é um sintagma preposicional, o PP ('em si', 'em ele' = 'nele') que, como sabemos, não tem sujeito e tampouco flexão de número e pessoa (embora não tenhamos dado a definição formal de "categoria de regência", mencionamos que essas noções seriam cruciais para a sua definição).

Os fatos em (i) nos dizem que talvez seja necessário definir diferentemente a "categoria de regência", dependendo de estarmos frente a anáforas ou pronomes, uma diferença que não aparece quando esses nominais são simplesmente DPs: não há dúvida de que há um contraste claro entre (ii) e (iii):

(ii) *O Pluto$_i$ molhou ele$_i$.
(iii) O Pluto$_i$ só pensa nele$_i$.

Seja como for, aqui vamos restringir nossa atenção para as sentenças com objetos que são DPs.

Por fim, vamos examinar a distribuição dos DPs lexicais como 'o menino' e 'o Pluto', chamados em nossa teoria de expressões-R.

1.3 Princípio C

Até aqui examinamos dois tipos de DPs quanto a suas propriedades referenciais: primeiramente falamos da anáfora, que é aquele tipo de DP que não é capaz de referir por si só e assim sempre depende de um antecedente para fixar sua referência; em seguida falamos do pronome, que tem relativa independência referencial. O terceiro tipo, que são DPs como 'o Super-Homem' ou 'o pônei', contém as chamadas expressões-R, que têm autonomia referencial, isto é, que não dependem da presença de nenhum outro DP na sentença para terem a sua referência completamente determinada.

As expressões-R, assim como os pronomes, não necessitam de antecedente, como mostra (22):

(22) a. O Pluto$_i$ lavou o Super-Homem$_k$.
 b. O leão$_i$ está beliscando uma das zebras$_k$.

Aqui, todos os DPs, sejam eles formados por nomes próprios como em (22a) ou por expressões definidas ('o leão') ou quantificadas ('uma das zebras'), como em (22b), dispensam a presença de um antecedente.

Há uma série de contextos gramaticais impossíveis para uma expressão-R (com uma interpretação específica, é claro). Por exemplo, assim como os pronomes, as expressões-R não podem ser c-comandadas por seu antecedente localmente:

(23) a. *Ele$_i$ viu o Super-Homem$_i$.
 b. *O Pluto$_i$ disse que ele$_k$ machucou o Super-Homem$_k$.
 c. *O Pluto$_i$ mandou eles$_k$ lavarem os meninos$_k$.

Nas construções em (23), as expressões-R aparecem em posição de objeto e seus antecedentes em posição de sujeito da mesma sentença. No caso de (23a), trata-se de uma sentença simples; no caso de (23b), trata-se de uma sentença subordinada finita; e, em (23c), de uma sentença subordinada com infinitivo pessoal.

Por outro lado, diferentemente dos pronomes, não é possível coindexar uma expressão-R ocupando a posição de objeto da sentença encaixada com o sujeito da sentença matriz, como mostra a agramaticalidade das sentenças em (24):

(24) a. *Ele_i disse que o Super-$Homem_k$ machucou o $Pluto_i$.
 b. *$Eles_i$ mandaram [os meninos]$_k$ lavar<u>em</u> [o Pluto e o Super-Homem]$_i$.

Compare as sentenças em (24) com as sentenças em (25):

(25) a. O $Pluto_i$ disse que o Super-$Homem_k$ machucou ele_i.
 b. [O Pluto e o Super-Homem]$_i$ mandaram [os meninos]$_k$ lavar<u>em</u> [eles]$_i$.

A diferença entre (24) e (25) é que o pronome pode ocupar a posição de objeto da sentença subordinada se o seu antecedente está na posição sujeito da sentença matriz: mesmo sendo c-comandado, o pronome não está sendo ligado na sua categoria de regência (que é a frase encaixada). Porém, a expressão-R não pode ser c-comandada pelo seu antecedente, esteja ele na sentença encaixada, como vimos em (23), esteja ele na sentença matriz, como vemos em (24). A expressão-R parece não poder ser ligada em nenhum domínio.

O exemplo (26), por outro lado, mostra que, se não houver c-comando entre o seu antecedente e a expressão-R e, portanto, não houver ligação, a sentença é gramatical:

(26) Quando ele_i caiu, o $Pluto_i$ estava brincando com o Super-$Homem_k$.

Vamos examinar a árvore (27), em que está representada a parte relevante de (26), para vermos que as restrições que tornariam essa sentença agramatical não estão presentes:

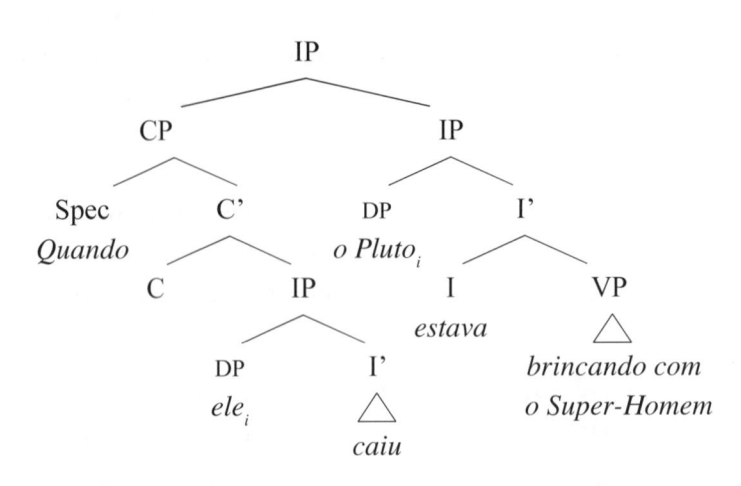

(27)
```
                    IP
                  /    \
                CP      IP
               /  \    /  \
            Spec   C' DP   I'
           Quando    o Pluto_i
                 /  \       /  \
                C    IP    I    VP
                    / \  estava  △
                   DP  I'     brincando com
                   ele_i △    o Super-Homem
                       caiu
```

Apesar de preceder a expressão-R 'o Pluto', com a qual está coindexado, o pronome 'ele' não c-comanda 'o Pluto', já que esta expressão não ocupa um nó irmão de 'ele', nem é dominado pelo nó irmão de 'ele'. Se 'ele' não c-comanda 'o Pluto', então esta expressão-R não é ligada pelo pronome.

Diferentemente dos pronomes, que só não podem ser ligados dentro da sua categoria de regência, as expressões-R não podem ser ligadas nunca. Assim, o Princípio C é uma maneira bastante rigorosa de descrever a distribuição das expressões-R:

(28) **Princípio C**: as expressões-R devem ser livres.

1.4 Resumindo...

Podemos resumir tudo o que vimos até aqui como se segue:

Anáfora

a. deve ter um antecedente, isto é, um elemento com o mesmo índice;
b. esse antecedente deve c-comandar a anáfora;
c. esse antecedente deve estar dentro de um certo domínio local, chamado "categoria de regência", que depende da presença da anáfora e de um sujeito independente.

Pronome

a. pode ter um antecedente na mesma sentença, mas isso não é necessário;
b. se houver antecedente, ele não pode c-comandar o pronome dentro da sua categoria de regência, mas pode c-comandá-lo fora desse domínio, isto é, ele não pode ligar o pronome localmente, mas pode ligá-lo de longa distância;
c. a categoria de regência se define em geral do mesmo modo para pronomes e anáforas, dada a distribuição complementar que existe entre esses dois tipos de DPs nos contextos de frases finitas simples, frases encaixadas finitas e infinitivas pessoais.

Expressão-R

a. não precisa de antecedente, porque tem autonomia referencial;
b. se houver antecedente, ele não pode c-comandar a expressão-R em nenhum domínio, nem localmente, nem de longa distância.

Os princípios que regem a distribuição dos DPs nas línguas são:

(29) PRINCÍPIOS DE LIGAÇÃO
A: uma anáfora tem que estar ligada em sua categoria de regência;
B: um pronome tem que estar livre em sua categoria de regência;
C: uma expressão-R tem que estar livre.

"Estar ligada", como vimos, quer dizer ser c-comandada por um elemento que porte o mesmo índice referencial; e "estar livre" quer dizer não estar ligado, isto é, não ser c-comandado por um elemento que porte o mesmo índice referencial. Note ainda que a condição de c-comando parece ser mesmo um princípio da Gramática Universal, já que parece ser respeitada por todas as línguas do mundo, mas a localidade parece ser um parâmetro, já que existem anáforas ligadas a curta e a longa distância nas línguas do mundo, como parece ser o caso do dinamarquês e do chinês, que possuem anáforas com antecedentes em orações distintas daquelas em que se encontram, estando ligadas a longa distância, uma construção impossível em português.

A Teoria da Ligação, desenvolvida pelo linguista Noam Chomsky e diversos outros contribuidores, é para ser entendida como parte da GU, que apresentamos no capítulo "Em defesa de uma abordagem racionalista". Ou seja, a Teoria da Ligação seria parte do conhecimento linguístico geneticamente determinado na espécie humana. Assim, as crianças não têm de "aprender" tais restrições, pois elas já estariam presentes desde o nascimento (ou maturariam com o tempo). De qualquer maneira, nenhum mecanismo indutivo seria necessário para se chegar ao estado adulto. No entanto, estar geneticamente determinado não implica, necessariamente, que as crianças se comportarão como adultos desde o início. Para obedecerem aos Princípios A e B, por exemplo, as crianças precisam primeiramente classificar os elementos da língua corretamente como anáforas e pronomes. Na seção que segue, veremos como as crianças lidam com esses elementos.

2. A TEORIA DA LIGAÇÃO NO PB INFANTIL

Vimos nas seções anteriores que a distribuição de anáforas, pronomes e expressões-R não é livre ou arbitrária. Anáforas devem possuir um antecedente local, pronomes não podem ter um antecedente local e expressões-R simplesmente não podem ser ligadas. Nesta seção, vamos discutir o comportamento das crianças com relação a tais exigências. Podemos, por exemplo, nos perguntar se as crianças se comportam como adultos com relação aos princípios da Teoria da Ligação ou não.

Se a Teoria da Ligação é inata, então as crianças devem mostrar conhecimento sobre ela assim que adquirirem as anáforas, pronomes e expressões-R presentes na língua. Observar tal desenvolvimento não é tarefa fácil, como veremos a seguir.

A literatura sobre o tema é bastante extensa, pois o comportamento infantil já foi investigado em diversas línguas. Nas próximas seções, apresentaremos alguns desses estudos, dando ênfase ao que já foi descoberto para o PB.

2.1 Princípio A

Como vimos anteriormente, o Princípio A rege a distribuição das anáforas. Ele exige que a anáfora possua um antecedente (isto é, um outro nominal que tenha o mesmo índice referencial que ela), que esse antecedente a c-comande e que essa relação seja local, ou seja, que o antecedente esteja na mesma categoria de regência que ela. Será que as crianças obedecem a essas exigências? Grolla (2012a) investigou justamente isso. Para tanto, foi usado um teste do tipo TJVV (Tarefa de Julgamento de Valor de Verdade), em que um fantoche era apresentado às crianças como alguém muito distraído. A criança era convidada a ajudar o fantoche, avisando-o quando ele falasse algo que não aconteceu nas histórias.

As histórias eram contadas e encenadas por um dos experimentadores usando brinquedos e, ao final, as sentenças proferidas pelo fantoche possuíam a anáfora 'se' com antecedentes não locais, como (30), ou com antecedentes que não c-comandavam a anáfora, como (31). As indexações indicam o contexto apresentado nas histórias. Por exemplo, na história contada antes de (30) ser proferida, Scooby pede ao Salsicha que abane o próprio Scooby. Em (31), é Batman que se limpa e não seu amigo. Tais sentenças são massivamente rejeitadas pelos adultos nesses contextos:

(30) Não local: O Scooby$_i$ pediu pro Salsicha$_k$ se$_i$ abanar.
(31) Não c-comando: [O amigo do [Batman]$_j$]$_k$ se$_i$ limpou.

Sentenças com antecedentes locais e com antecedentes que c-comandavam as anáforas também foram incluídas no teste. Nesses casos, a resposta esperada era "sim" e as crianças obtiveram altas taxas de acertos. Apenas nas condições em que a resposta esperada era "não" (discutidas a seguir) é que os comportamentos não adultos surgiram.

Foram entrevistadas 51 crianças adquirindo PB como língua materna entre 3 anos e 6 anos e 4 meses de idade; O teste também foi feito com 10 adultos. Os resultados são apresentados na tabela a seguir (os números seguindo N indicam a quantidade de crianças daquela faixa etária entrevistadas. Assim, na tabela 1, foram entrevistadas 7 crianças na faixa de 3 anos, 13 crianças na faixa de 4 anos etc.):

Tabela 1: Respostas para antecedentes não locais e que não c-comandam a anáfora.

	Condição	Incorretas ("sim")	Corretas ("não")
3 anos (N = 7)	Não local	47,3%	52,7%
	Não c-comando	40%	60%
4 anos (N = 13)	Não local	33,3%	66,7%
	Não c-comando	24,1%	75,9%
5 anos (N = 19)	Não local	29,6%	70,4%
	Não c-comando	14,5%	85,5%
6 anos (N = 12)	Não local	6,3%	93,7%
	Não c-comando	0	100%

As crianças de 3 anos apresentam apenas 52,7% de respostas corretas (ou seja, dizendo "não") para a condição não local, e 60% para a condição não c-comando. O desempenho melhora um pouco para as crianças de 4 anos, que apresentam 66,7% e 75,9% para não local e não c-comando, respectivamente. As crianças de 5 anos apresentam 70,4% e 85,5% para não local e não c-comando, respectivamente. Somente as crianças de 6 anos apresentam comportamento adulto, com taxas de acerto acima de 90% para cada condição.

Comparando as condições não local e não c-comando, observamos que as crianças apresentam melhor desempenho na condição não c-comando (células sombreadas) do que na condição não local. Isto é, as crianças tendem a rejeitar mais as sentenças que violam c-comando do que aquelas que rejeitam localidade.

Mencionamos anteriormente que existem línguas, como o dinamarquês e o chinês, em que as anáforas podem ser ligadas a longa distância (desde que não haja flexão na sentença em que elas estão). Contudo, não temos notícias de línguas em que anáforas não precisem ser c-comandadas por seus antecedentes. Assim, tudo indica que o c-comando é uma noção universal, que não tem de ser aprendida. Poderíamos supor que essa noção faz parte do conhecimento geneticamente determinado com o qual a criança nasce. Por outro lado, a localidade é variável. Algumas línguas possuem anáforas de longa distância, outras possuem anáforas de curta distância e a exposição aos dados linguísticos é necessária para que a aquisição dessas formas nas mais diversas línguas seja realizada. Assim, os resultados reportados em Grolla (2012a) são de certa forma esperados, já que a taxa de acertos para c-comando é maior que a taxa de acertos para localidade. Explicaríamos tais dados considerando-se a universalidade da exigência de c-comando e a variabilidade na restrição de localidade.

Todavia, se o Princípio A é inato, as crianças deveriam mostrar comportamento adulto desde cedo para as duas exigências. O que se nota nos dados é um aumento crescente nas taxas de acertos, ao invés de 100% de respostas corretas desde as idades mais novas testadas. Isto é, as crianças de 3 anos apresentam 60% de respostas corretas para c-comando, as de 4 anos, 75,9% etc. Essas taxas estão abaixo dos 100% que esperaríamos. Na verdade, esse padrão é mais o de um caminho percorrido que vai aos poucos se tornando mais próximo da gramática do adulto.

A pergunta então é: por que as crianças não apresentam 100% de respostas corretas desde cedo, se, segundo nossa hipótese, as crianças já têm esse princípio em sua bagagem inata? Nesse ponto, é preciso explorar outros aspectos envolvidos na aquisição de linguagem. O Princípio A diz que anáforas têm de ser ligadas. Para obedecer ao Princípio A, portanto, a criança tem de saber quais palavras são anáforas na sua língua. Somente após categorizar corretamente itens como 'se' e 'um P o outro' como anáforas é que ela fará uso apropriado destas formas. No entanto, adquirir uma palavra envolve saber não só a que categoria gramatical ela pertence, mas também suas características semânticas e pragmáticas. O que devemos investigar, portanto, é se as crianças conhecem de fato palavras como 'se' e 'um P o outro' aos 3 anos de idade.

'Se', como já vimos, pode ter tanto uma leitura reflexiva quanto uma leitura recíproca. Relembremos os dados relevantes: em (32a), 'se' é reflexivo, indicando que o João realizou a ação de barbear a si mesmo; em (32b), tanto a leitura reflexiva (em que cada menina abraça a si própria) quanto a leitura recíproca (em que uma menina abraça a outra) são possíveis:

(32) a. O João$_i$ se$_i$ barbeou.
 b. As meninas$_i$ se$_i$ abraçaram.

Porém, 'um P o outro' só pode ter a leitura recíproca:

(33) As meninas$_i$ abraçaram [uma a outra]$_i$.

Para discutir a aquisição das anáforas em PB, temos então que nos perguntar o seguinte:

a. as crianças sabem que 'se' pode ser tanto reflexivo quanto recíproco?
b. as crianças sabem que 'um P o outro' pode ser somente recíproco?

Para responder (a), Grolla (2011a) elaborou um experimento de encenação (*act out task*) baseado em um método utilizado por Chien e Wexler (1990), em que as crianças ouviam sentenças proferidas por um fantoche e tinham de fazer o que ele pedia, ao estilo da brincadeira "o mestre mandou". O fantoche, chamado Billy, dizia sentenças como as que seguem, e a criança tinha de fazer como ordenado (quando a criança testada era menina, o fantoche era uma cachorrinha chamada Pinky):

(34) a. O Billy mandou o Pedro (nome da criança testada) se coçar.
b. O Billy mandou o César (nome da criança testada) se cheirar.

Além de sentenças com 'se', o teste possuía outras formas nominais, como o nome do experimentador, como distratoras ('Billy mandou o Pedro coçar a Aline').

Foram testadas 18 crianças entre 4 anos e 4 anos e 11 meses de idade adquirindo o PB como língua materna. Os resultados são que as crianças realizam a ação nelas mesmas quando ouvem sentenças como (34) em 79% das vezes. Isso traz uma primeira indicação de que elas sabem que 'se' pode ter a leitura reflexiva. Esses resultados diferem daqueles encontrados por Chien e Wexler (1990) para o inglês, utilizando a mesma metodologia: as crianças de 4 anos adquirindo inglês tiveram uma taxa de acerto de apenas 57,5%, bem inferior aos 79% no PB. Portanto, as crianças adquirindo PB mostram conhecimento de que 'se' pode ser reflexivo antes das crianças adquirindo inglês. A dificuldade encontrada pelas crianças adquirindo inglês pode estar na complexidade morfológica das anáforas "*himself*" (ele mesmo) e "*herself*" (ela mesma), como discutiremos mais a frente.

E quanto à leitura recíproca? Para investigar o conhecimento das crianças sobre reciprocidade, foi elaborado um teste de escolha de figuras (Grolla, 2012b). Duas fotos eram apresentadas simultaneamente para a criança e ela tinha de escolher qual das fotos correspondia ao que tinha ouvido. Uma das figuras apresentadas era de duas meninas realizando uma ação reflexiva, e a outra era das mesmas meninas realizando uma ação recíproca. Assim, ao ouvir a sentença 'as meninas estão se abraçando', eram mostradas a figura de cada menina se abraçando individualmente (ação reflexiva) e a figura das mesmas meninas abraçando uma à outra (ação recíproca).

Como 'se' é ambíguo entre a leitura reflexiva e a recíproca, qualquer uma das figuras poderia ser escolhida. O que se pretendia era checar a preferência das crianças. Por exemplo, se elas sempre escolhessem a ação reflexiva, poderíamos suspeitar que elas desconhecem que o 'se' também pode ser recíproco. O teste possuía dois tipos de verbos: verbos que a autora chamou de "preferencialmente reflexivos" ('vestir' e 'pentear', por exemplo) e "preferencialmente recíprocos" ('abraçar' e 'beijar', por exemplo), com base na intuição de que a ação descrita por um verbo como 'vestir' é mais naturalmente realizada de forma reflexiva, mas a ação descrita por 'abraçar' é mais naturalmente realizada de forma recíproca.

Foram testados 10 adultos, fornecendo os seguintes resultados: quando o verbo era recíproco, eles escolhiam a figura com a ação recíproca mais frequentemente. Quando o verbo era preferencialmente reflexivo, eles escolhiam a figura com a ação reflexiva mais frequentemente. Assim, 'as meninas estão se abraçando' e 'as meninas estão se beijando' eram pareadas com a ação recíproca. E, por sua vez, 'as meninas estão se penteando' e 'as meninas estão se vestindo' eram pareadas com a ação reflexiva. Como mostra a Tabela 2, os adultos utilizaram essa estratégia 82% das vezes, o que quer dizer que a semântica do verbo de fato influenciou os adultos na escolha das figuras.

E quanto às crianças? Foram testadas 63 crianças entre 3 anos e 11 meses e 6 anos e 11 meses; todas elas adquiriam o PB como língua materna. Como podemos ver na tabela a seguir, as crianças de 4 anos utilizaram a estratégia adulta em torno de 66% das vezes; as de 5 anos a adotaram 80% das vezes, e as de 6 anos, em 79% das vezes. Aplicando um teste estatístico, podemos concluir que os resultados indicam que as crianças de 5 e 6 anos se comportam como os adultos.

Tabela 2: Taxas de comportamento adulto para 'se' (Grolla, 2012b: 11).

Faixas etárias	Comportamento adulto
4 anos (N = 20)	66,25%
5 anos (N = 20)	80%
6 anos (N = 23)	79,35%
Adultos (N = 10)	82,85%

Comparando os resultados das crianças de 4 anos e dos adultos, ao aplicarmos um teste estatístico, concluímos que as crianças de 4 anos não se comportam como os adultos. Ou seja, a diferença de 66,25% (das crianças de 4 anos) para 82,85% (adultos) é estatisticamente significativa. Na Tabela 3, podemos visualizar, nesse grupo de crianças, as taxas de escolha para cada condição (as células sombreadas indicam as escolhas adultas):

Tabela 3: Taxa de escolha de figuras para crianças de 4 anos (Grolla, 2012b: 13).

4 anos	Ação reflexiva	Ação recíproca
'se' + verbo reflexivo	47,5%	52,5%
'se' + verbo recíproco	17,5%	82,5%

Observe que o valor de 66,25% mostrado na Tabela 2 indica a porcentagem total de comportamento adulto para as duas condições mostradas na Tabela 3. Essa tabela mostra que as crianças escolheram a figura com ação reflexiva quando ouviam uma sentença com 'se' mais um verbo reflexivo 47,5% das vezes, mas escolheram a ação recíproca em 52,5% das vezes. Por outro lado, elas se saíram melhor com verbos recíprocos: nesses casos, elas escolheram a ação recíproca 82,5% das vezes. Provavelmente, a semântica do verbo influenciou as crianças nessas escolhas.

Esses resultados sugerem que há um percurso na aquisição da forma anafórica 'se': as crianças de 4 anos não se comportam totalmente como os adultos. Vale lembrar que as escolhas das crianças de 4 anos não são erradas – elas apenas não fazem uso da mesma estratégia utilizada pelos adultos. No entanto, mesmo que as crianças de 4 anos não escolham as figuras na mesma proporção que os adultos, a tendência está no caminho certo. Suas escolhas indicam que elas sabem que 'se' pode ser ora reflexivo, ora recíproco. Por sua vez, as crianças de 5 e 6 anos apresentam um comportamento similar ao dos adultos, e assim podemos afirmar que elas já possuem conhecimento sobre 'se' aos 5 anos de idade.

Grolla (2011b) realizou o mesmo teste para investigar a aquisição de 'um P o outro'. Os mesmos verbos e as mesmas figuras foram utilizados. As crianças ouviam as sentenças com verbos recíprocos ('as meninas estão beijando uma a outra' e 'as meninas estão abraçando uma a outra') e com verbos reflexivos ('as meninas estão penteando uma a outra' e 'as meninas estão vestindo uma a outra'). Diferentemente do que ocorria com 'se', no caso de 'um P o outro' apenas a escolha da ação recíproca é correta. Os adultos escolheram as figuras recíprocas 100% das vezes, independentemente do tipo de verbo utilizado nas sentenças-teste. As crianças, em geral, também escolheram figuras recíprocas mais frequentemente, mas suas taxas variaram, como se vê na Tabela 4 (respostas corretas em células sombreadas):

Tabela 4: Respostas do teste com 'um P outro'.

	Sentença com verbos recíprocos		Sentença com verbos reflexivos	
Figura escolhida	Ação recíproca	Ação reflexiva	Ação recíproca	Ação reflexiva
4 anos (N = 20)	35	5	24	16
5 anos (N = 20)	33	7	29	11
6 anos (N = 23)	39	7	37	9
Adultos (N = 10)	20	0	20	0

Cada criança fornecia duas respostas para cada condição. Assim, como são 20 crianças de 4 anos, temos 40 respostas para sentenças com verbos recíprocos e 40 para sentenças com verbos reflexivos.

Quando a sentença ouvida possuía um verbo recíproco, as crianças de 4 anos escolheram a figura com a ação recíproca (correta) 35 vezes (das 40 possíveis) e 5 vezes a figura com a ação reflexiva. Quando ouviram verbos reflexivos, elas escolheram a ação recíproca 24 vezes. A taxa relativamente baixa de acertos para esse último caso sugere que a criança parece ficar confusa ao ouvir um verbo reflexivo com uma anáfora recíproca (sentenças do tipo 'as meninas estão penteando uma a outra'). O mesmo aconteceu com as crianças de 5 anos: elas escolheram a ação recíproca 33 vezes ao ouvir um verbo recíproco e 29 vezes ao ouvir um verbo reflexivo. As crianças de 6 anos foram as que mais se aproximaram dos adultos: elas escolheram 39 vezes a ação correta com verbos recíprocos e 37 vezes com verbos reflexivos.

De modo geral, as crianças de 6 anos apresentam conhecimento de que 'um P o outro' é uma anáfora recíproca. As crianças de 5 anos tiveram dificuldades na condição em que o verbo era reflexivo e a anáfora, recíproca. O mesmo se deu para as crianças de 4 anos. Isso quer dizer que a semântica do verbo influenciou as escolhas das crianças menores, algo que não aconteceu com as crianças de 6 anos nem com os adultos, que se basearam somente na anáfora para escolher as figuras.

Toda a discussão anterior nos leva às seguintes conclusões: (i) as crianças adquirindo PB acima de 5 anos demonstram o conhecimento de que 'se' pode ser tanto reflexivo quanto recíproco; (ii) as crianças de 4 anos ainda não se comportam como os adultos; (iii) para 'um P o outro', somente as crianças acima de 6 anos demonstram saber que essa forma é recíproca, com as crianças de 4 e 5 anos apresentando comportamentos um pouco distintos de adultos; e (iv) o percurso de desenvolvimento detectado sugere que a aquisição das formas anafóricas requer algum tempo para ser totalmente efetivada.

Quanto às duas exigências do Princípio A da Teoria de Ligação, aos 6 anos as crianças apresentam comportamento adulto, mas as crianças de 4 e 5 anos ainda não detectaram o domínio de localidade para 'se', o que pode se dever ao fato de a palavra 'se' não estar ainda completamente adquirida. A aquisição de sintaxe envolve aquisição lexical, que pode demorar a ser concluída. Somente após tal passo é que a aquisição sintática poderá ser efetivamente completada.

É esse padrão que se observa em outras línguas também. Por exemplo, em inglês, o estudo de Chien e Wexler (1990) é o trabalho mais influente sobre a aquisição de formas anafóricas e pronominais. Os autores testaram 156 crianças entre 2 anos e 6 meses e 6 anos e 6 meses de idade em um experimento utilizando o método do jogo do "mestre mandou" (*"Symon says game"*, em inglês), no qual um fantoche dá ordens para a criança fazer algo. As sentenças usadas tinham a seguinte estrutura (*"Kitty"* era o nome do fantoche e *"Sarah"* o nome da criança sendo testada. Se a criança fosse um menino, o fantoche também era masculino, *"Snoopy"*):

(35) Kitty wants Sarah to point to herself.
"Kitty quer que a Sarah aponte para si (mesma)"

Ao ouvir (35), a criança teria que apontar para ela mesma. As taxas de respostas corretas aumentaram com a idade. Crianças de 4 anos tiveram 57,5% de respostas corretas (como reportado anteriormente), mas em 41,5% dos casos elas tomam o antecedente não local para o reflexivo, ou seja, apontam para "*Kitty*" na tarefa. Crianças com menos de 4 anos também apresentaram baixas taxas de acertos. Por sua vez, as crianças acima de 5 anos forneceram a resposta correta na maioria das vezes. A conclusão de Chien e Wexler é que os erros dos grupos mais novos podem ser explicados pelo fato de as crianças ainda estarem aprendendo as formas lexicais "*himself*" ('ele mesmo') e "*herself*" ('ela mesma'). A dificuldade inicial é, em geral, atribuída à complexidade morfológica da palavra, e não à sintaxe envolvida nas construções com essa anáfora.

Em resumo, nossa exposição indica que, para demonstrar conhecimento sobre o Princípio A, as crianças precisam primeiro aprender as formas anafóricas presentes em suas línguas. Tal aquisição não é tão precoce como poderíamos imaginar, com crianças ainda apresentando comportamentos não adultos aos 5 anos de idade. Os testes sobre reflexividade e reciprocidade conduzidos por Grolla sugerem que a aquisição lexical é um fator determinante nesses casos.

Passemos agora à discussão sobre a aquisição de pronomes.

2.2 Princípio B

A aquisição de elementos pronominais tem sido alvo de intensa pesquisa nas mais diversas línguas. Um estudo particularmente importante é o (já citado) estudo de Chien e Wexler (1990). No estudo sobre pronomes, os autores testaram 177 crianças adquirindo inglês entre 2 anos e 6 meses e 7 anos de idade. Eles mostravam às crianças figuras de personagens infantis (como Mamãe Ursa e Cachinhos Dourados) em que um dos personagens realizava uma ação reflexiva e o outro assistia a cena. Em um dos testes, a figura mostrava Mamãe Ursa se tocando e Cachinhos Dourados próxima a ela. O experimentador então dizia à criança:

(36) This is Mama Bear. This is Goldilocks. Is Mama Bear touching her?
"Esta é a Mamãe Ursa. Esta é a Cachinhos Dourados. *A Mamãe Ursa está tocando ela?*"

Se a criança não tivesse conhecimento sobre o Princípio B, ela poderia interpretar 'ela' como sendo 'Mamãe Ursa', ou seja, 'Mamãe Ursa' seria um antecedente local para o pronome, em violação ao Princípio B. Como na figura a Mamãe Ursa de fato se toca, a criança poderia aceitar a sentença, respondendo "sim". Os resultados são que as crianças entre 4 e 5 anos de idade responderam "sim" por volta de 50% das vezes, ao contrário dos adultos que responderam negativamente todas as vezes. Quando as crianças responderam "sim", elas estavam provavelmente tomando Mamãe Ursa como antecedente para o pronome. Esse tipo de resposta indica que algumas vezes as crianças permitem que o pronome seja correferente a um antecedente local.

Desde o estudo de Chien e Wexler, outros pesquisadores replicaram esses resultados em inglês e em outras línguas também, geralmente utilizando a mesma metodologia. Além de testar sentenças com um DP como 'Mamãe Ursa', os pesquisadores testaram também sentenças como (37), em que o possível antecedente local para o pronome é um sintagma quantificado (do inglês, "*quantifier phrase*", QP, isto é, sintagmas encabeçados por palavras que dizem respeito à quantidade de elementos, como 'todo', 'cada', 'algum' etc.):

(37) These are the bears. This is Goldilocks. Is every bear touching her?
"Essas são as ursas. Essa é a Cachinhos Dourados. Toda ursa está tocando ela?"

A figura que acompanhava a sentença em (37) apresentava três ursinhas e uma imagem de Cachinhos Dourados. Cada ursa se tocava e Cachinhos Dourados não era tocada por ninguém. Assim como em (36), a hipótese dos pesquisadores é que a criança que possuísse o Princípio B em sua gramática diria "não", já que o princípio B proíbe que '*her*' (ela) seja ligada por '*every bear*' (toda ursa).

O surpreendente é que, embora as crianças tenham aceitado (36) em 50% das vezes, elas aceitaram (37) apenas 16% das vezes. Como explicar essa diferença no comportamento das crianças? Para Chien e Wexler, na sentença em (37), o antecedente para o pronome ('*every bear*', "toda ursa") é um sintagma quantificado. Em (36), o antecedente não é quantificado; é um DP. A diferença estaria, então, no fato de que, por algum motivo, pronomes com antecedentes DPs facilitariam a violação do Princípio B.

Essa análise é retomada em Thornton e Wexler (1999), que testaram 19 crianças entre 4 anos e 5 anos e 1 mês de idade e obtiveram resultados semelhantes aos de Chien e Wexler (1990). O estudo de Thornton e Wexler utilizou uma metodologia diferente daquela de Chien e Wexler. Ao invés de usar figuras, Thornton e Wexler contaram histórias às crianças, que eram encenadas à sua frente com bonecos e brinquedos.

Durante muito tempo, essa distinção no comportamento das crianças quando antecedentes QPs e DPs eram testados foi tomada como de certo modo consensual. Contudo, alguns autores apontaram falhas metodológicas nos experimentos de Chien e Wexler e de Thronton e Wexler. Boster (1994), Elbourne (2005), Grolla (2009b, 2010) e Conroy et al. (2009) observam que, tal como foi conduzido, o teste apresenta diversas falhas que podem explicar a diferença entre QPs e DPs.

Para entender a crítica dos autores, retomemos o raciocínio de Chien e Wexler para o experimento com antecedentes QPs. É apresentada uma figura de três ursas se tocando. Cachinhos Dourados está ao lado delas e não é tocada por ninguém. A pergunta é então feita: 'essas são as ursas, essa é Cachinhos Dourados. Toda ursa está tocando ela?'. Chien e Wexler observam que, se as crianças possuem o Princípio B em suas gramáticas, elas não vão tomar o QP 'toda ursa' como antecedente para 'ela', uma vez que este princípio bloqueia tal ligação. A única possibilidade então é que 'ela' seja Cachinhos Dourados. Essa interpretação não é bloqueada pelo Princípio B, já que Cachinhos Dourados não é um antecedente local para o pronome.

Uma das críticas levantadas é que a figura que acompanha a pergunta deixa Cachinhos Dourados excessivamente saliente no contexto. Na figura, Cachinhos Dourados é bem maior do que cada ursa. Além disso, as ursas são idênticas umas às outras e Cachinhos Dourados é diferente delas, o que também ajuda a torná-la mais saliente. Em inglês, substantivos como '*bear*' ("urso" ou "ursa") não trazem marcação de gênero, e a figura não deixa muito claro se os ursos são fêmeas. Portanto, caso a criança tenha ficado em dúvida se são ursas ou ursos, essa dúvida não aparece com relação a Cachinhos Dourados, que é claramente uma menina. Dados esses problemas, é perfeitamente possível que as crianças tenham tomado Cachinhos Dourados como antecedente para o pronome não porque possuem ou não possuem o Princípio B em suas gramáticas, mas porque a saliência de Cachinhos Dourados nas figuras a tornou o antecedente mais razoável no contexto. Isso não quer dizer que as crianças não possuem o Princípio B, apenas sugere que o experimento aplicado por Chien e Wexler não é um bom método para colher esses dados e seus resultados podem ser artefatos, isto é, podem não revelar os fatos.

O mesmo tipo de problema persiste quando o método é alterado. No estudo de Thornton e Wexler, em que são apresentadas historinhas às crianças (e não figuras estáticas), os personagens não são apresentados em pé de igualdade. Sempre há um personagem claramente mais saliente do que os outros. Para mostrar que essa questão é, de fato, crucial para explicar o que está acontecendo, Conroy et al. (2009) realizaram uma série de novos experimentos, atentando para as falhas metodológicas encontradas em estudos anteriores. Em seus testes, um cuidado redobrado foi tomado para que a história fosse contada dando igual ênfase aos diferentes personagens e para que cada um deles fosse apresentado de forma a garantir sua proeminência na história. É claro que sempre haverá um protagonista na história, mas ele não pode ser o único a ser destacado; os outros personagens devem ser igualmente citados pelo nome e aparecer na história.

Eles entrevistaram 16 crianças entre 4 anos e 5 anos e 6 meses de idade. Com as novas implementações, os resultados são que as crianças rejeitam igualmente violações do Princípio B tanto com antecedentes DPs (89% de rejeição) quanto com antedentes QPs (86% de rejeição); assim, não há distinção relevante entre antecedentes DPs e QPs, e as crianças mostram conhecimento sobre o Princípio B nos dois casos.

O mesmo resultado foi alcançado em um estudo de Bertolino e Grolla (2012) para o PB. As autoras tomaram os cuidados necessários para tornar todos os personagens igualmente salientes nas histórias contadas, como sugerido por Conroy et al. (2009). O método utilizado foi a TJVV, em que um fantoche distraído era apresentado às crianças e era pedido a elas que o avisassem toda vez que ele falasse o que não aconteceu na história, que era encenada à sua frente com brinquedos e bonecos. Eis um exemplo:

(38) Os alienígenas Oscar e Beta estavam jogando futebol com o Pluto e com o Pateta. Quando chegou no fim do jogo, o Beta e o Pateta estavam muito sujos de terra. O Beta então pegou um balde com água e molhou todo o seu rosto e sua roupa, para ficar limpo. O Pateta, coitado, como é muito bobinho, não sabia limpar com água a sujeira na sua roupa e no seu rosto. Então, o Pateta pediu ajuda para o Beta:
Pateta: "Beta, você pode me ajudar?"
Beta: "Estou molhando o meu cabelo que também ficou todo sujo de terra. Mas, se sobrar água, eu molho você."

Infelizmente, não sobrou água. Então, o alienígena Beta não pôde molhar o Pateta. Aí o Pateta resolveu pedir ajuda para o Oscar.

Pateta: "Oscar, você tem água também! Que ótimo! Será que você pode molhar aqui o meu nariz e a minha roupa, para limpar a sujeira?"

Oscar: "Claro, Pateta. Eu estou limpinho. Nem vou precisar da água. Posso molhar o seu nariz e a sua roupa."

Mas, aí, quando o Oscar estava pegando o balde com água, o Pluto subiu em cima do Oscar, com as patas todas sujas. O Oscar ficou furioso!

Oscar: "Olha o que você fez, Pluto, você sujou toda a minha roupa, o meu sapato, os meus braços. Tudo! Até as minhas antenas você sujou! Esse cachorro não tem jeito... Desculpa, Pateta, mas agora eu vou ter de usar toda essa água!"

Então o Oscar jogou o balde cheio de água em cima da cabeça, molhando as antenas, o braço, a roupa. O Pateta, coitado, teve de voltar sujo para casa...

Após ouvir a história contada pelo experimentador, o fantoche dizia o que aparece em (a) ou em (b):

a. **Fantoche (Condição DP):** Hum, acho que entendi! Essa história foi sobre água. O Pateta estava todo sujo e não sabia usar água para limpar a sujeira, e o Oscar tinha um balde com água. Acho que sei o que aconteceu... **O Oscar molhou ele.**

b. **Fantoche (Condição QP):** Hum, acho que entendi! Essa história foi sobre água. O Pateta estava todo sujo e não sabia usar água para limpar a sujeira, e os alienígenas sabiam usar a água. Acho que sei o que aconteceu... **Cada alienígena molhou ele.**

A mesma história foi usada para testar tanto antecedentes DPs (a) quanto QPs (b); por razões metodológicas, a criança que ouvia a história com antecedente DP não ouvia a mesma história com antecedente QP, já que a resposta fornecida para um caso poderia ser repetida no outro.

A sentença (a) é falsa na interpretação em que "ele = Pateta" (ou seja, em que Oscar molhou o Pateta) e verdadeira na interpretação em que "ele = Oscar". Essa interpretação viola o Princípio B. A sentença (b) é falsa na interpretação em que "ele = Pateta" (já que nenhum alienígena o molhou) e verdadeira na interpretação em que "ele = cada alienígena". Da mesma forma que em (a), essa interpretação viola o Princípio B.

Observe que a história é contada de forma a caracterizar cada um dos alienígenas com um nome, algo que testes anteriores não faziam. Assim, todos são igualmente caracterizados e com seus "problemas" a resolver. Além disso, temos também a condição de divergência possível satisfeita (ver capítulo "Metodologias utilizadas em estudos em Aquisição de Linguagem" para uma discussão sobre essa condição). O Oscar ia molhar o Pateta, mas não pôde fazê-lo porque ficou todo sujo e teve que usar a sua água para se limpar. Assim, até aquele ponto da história, é verdade que o Oscar ia molhar o Pateta. No entanto, o desenrolar da história nos leva a outro final.

Os sujeitos testados no estudo em PB foram 30 crianças entre 3 anos e 4 meses e 6 anos de idade, além de 10 adultos. Os adultos rejeitaram a violação do Princípio B 92,5% das vezes. As crianças o fizeram 90,4% das vezes. Comparando-se as respostas das crianças de diferentes faixas etárias e dos adultos, não ouve diferença estatística entre as taxas de rejeição para os diferentes grupos: tanto crianças (mesmo as mais novinhas, de 3 anos e 4 meses) quanto os adultos rejeitaram na maioria das vezes as sentenças que violam o Princípio B no PB.

Esses resultados recentes indicam que, quando os testes são executados de maneira pragmaticamente apropriada, com histórias bem estruturadas e coesas, as crianças demonstram conhecimento sobre o Princípio B tanto em PB quanto em inglês. Diante disso, podemos concluir que o comportamento diferente para antecedentes QPs e DPs era um resultado falso, fruto de falhas metodológicas.

2.3 Princípio C

Como vimos anteriormente, o Princípio C restringe a distribuição de expressões-R: elas não podem ser ligadas em todo o domínio de posições argumentais na frase em que estão. A sentença a seguir é agramatical porque a expressão-R está ligada pelo pronome:

(39) *Ele_i está lavando o $elefante_i$.

A discussão na seção 1 deste capítulo mostra que a noção relevante aqui é, mais uma vez, c-comando e não linearidade. Assim, a sentença em (39) não é gramatical porque o pronome c-comanda a expressão-R. Em (40), apesar de o pronome vir linearmente à frente da expressão-R, a sentença é gramatical. Dado que o pronome não c-comanda a expressão-R, como vimos na discussão do exemplo (26) e na árvore em (27), não há violação do Princípio C. Essa estrutura, em que o pronome precede a expressão-R de quem toma referência, é chamada de catáfora:

(40) Quando ele$_i$ andou de carro, o cachorro$_i$ buzinou.

Com o intuito de obter um panorama completo sobre o conhecimento da criança no que tange ao Princípio C, é relevante verificarmos seu comportamento não só em casos clássicos de violação do princípio, como (39), mas também em casos em que, embora o pronome preceda linearmente a expressão-R, não há c-comando, como em (40). Se as crianças respeitam a estrutura hierárquica das sentenças e não se baseiam na ordem linear, elas devem aceitar (40) mais frequentemente do que aceitam (39).

O estudo de Crain e McKee (1985) investigou o conhecimento das crianças sobre o Princípio C utilizando para isso a tarefa de julgamento de valor de verdade. Para testar crianças adquirindo o inglês, foram usadas sentenças como as que se seguem:

(41) When *she* was outside playing, *Strawberry Shortcake* ate an ice-cream cone.
"Quando *ela* estava lá fora brincando, *Moranguinho* tomou um sorvete."
(42) a. * *He* washed *Luke Skywalker*.
"*Ele* lavou *Luke Skywalker*."
b. * *He* ate the hamburger when the *Smurf* was in the fence.
"*Ele* comeu o hambúrguer quando o *Smurf* estava na cerca."

Foram testadas 62 crianças entre 3 e 6 anos de idade. As crianças corretamente aceitaram casos de catáfora como (41) em 73% das vezes e rejeitaram sentenças como (42a) e (42b) 88% das vezes.

A título de ilustração, consideremos como este experimento foi usado no contexto da história contada para as crianças antes de (42b) ser proferida. A história continha dois personagens: Smurf e Gargamel. Gargamel diz que não comerá hambúrguer porque ele odeia hambúrgueres, mas Smurf os adora e come um enquanto está num cercadinho. O raciocínio de Crain e McKee era o seguinte: se as crianças sabem o Princípio C, elas não interpretarão o pronome e Smurf como sendo correferentes na sentença, uma vez que isso violaria este princípio. A única interpretação possível dessa sentença para o adulto tem o pronome como referindo a um outro indivíduo que não Smurf; Gargamel, sendo o outro personagem da história, é o referente mais acessível. Se o pronome se referir a Gargamel, (42b) é falsa, porque Gargamel não comeu o hambúrguer, apenas o Smurf comeu. Portanto, na interpretação do adulto, a sentença é falsa. Se a criança disser que a sentença é verdadeira, saberemos que ela atribuiu ao pronome a interpretação de Smurf, violando o Princípio C.

Os resultados obtidos por Crain e McKee são em geral replicados em outros estudos. Thornton e Wexler (1999), no mesmo estudo citado anteriormente, entrevistaram 19 crianças entre 4 anos e 5 anos e 1 mês de idade que também estavam adquirindo inglês. As crianças rejeitaram violações do Princípio C 92% das vezes. Sutton, Fetters e Lidz (2012) testaram 32 crianças adquirindo inglês entre 2 anos e 4 meses e 2 anos e 8 meses de idade em uma tarefa de escolha de figuras em uma tela de TV. Os autores constataram que até mesmo nessa idade precoce as crianças evitam olhar para a imagem que viola o Princípio C e olham mais longamente para a imagem em que o princípio não é violado.

No PB, Grolla (2013) investigou o conhecimento das crianças acerca do Princípio C. Foram entrevistadas 17 crianças, entre 4 anos e 4 meses e 6 anos e 2 meses de idade e 10 adultos.

As crianças corretamente rejeitaram sentenças como (39) por volta de 90% das vezes; e aceitaram casos de catáfora como (40) 75% das vezes. Esse contraste mostra que as crianças diferenciam casos aceitáveis de catáfora de casos inaceitáveis, que violam o Princípio C. Dito de outro modo, as rejeições para estruturas como (39) não podem ser atribuídas a uma preferência da criança pela ordem linear em que a expressão-R vem à frente do pronome. Se assim fosse, elas deveriam rejeitar igualmente tanto sentenças como (39) quanto (40), o que não ocorreu.

Concluindo, estudos tanto sobre o PB quanto sobre o inglês obtiveram resultados convergentes no que tange o Princípio C: as crianças possuem essa restrição em suas gramáticas, comportando-se como adultos desde as idades mais precoces testadas.

3. RESUMINDO...

Neste capítulo, discutimos primeiramente o que sabemos sobre a distribuição de elementos nominais nas línguas humanas. Falamos das propriedades de anáforas, pronomes e expressões-R na língua adulta, em particular do PB adulto. A seguir, discutimos diversos testes que tinham por objetivo detectar o conhecimento das crianças acerca de anáforas, pronomes e expressões-R. As crianças mais novas (entre 4 e 5 anos) não apresentam comportamento adulto em todas as tarefas testadas, mas especulamos que isso seja devido ao fato de que elas precisam aprender as formas lexicais antes de mostrar conhecimento sobre os princípios sintáticos.

Quando os testes são bem desenhados e aplicados de forma pragmaticamente apropriada, as crianças, a partir dos 5 anos, mostram conhecimento sobre tais elementos. Além de mostrar conhecimento lexical, por exemplo, de que 'se' pode ser tanto reflexivo como recíproco, as crianças também evidenciam conhecimento sintático, como os princípios da Teoria da Ligação. Esse comportamento pode ser tomado como mais uma evidência a favor da teoria racionalista que estamos defendendo desde o primeiro capítulo deste livro. As crianças não são explicitamente instruídas sobre a agramaticalidade de (39) ou de outras violações dos princípios de ligação. No entanto, quando já conhecem as formas lexicais em questão e são confrontadas com esses tipos de sentenças nos testes descritos, elas os rejeitam, o que indica que de algum modo esse conhecimento já está presente.

Leituras sugeridas

Se você ficou interessado pelas questões mais teóricas discutidas anteriormente, é possível consultar diretamente a fonte, em Chomsky (1986), que faz uma longa discussão sobre os contextos em que a categoria de regência para anáforas e para pronomes não parece ser o mesmo espaço sintático. Você pode consultar também o artigo de Harbert (1995), que fornece um panorama bem abrangente do trabalho em Teoria da Ligação até a metade dos anos 1990, e também o completíssimo manual de Liliane

Haegeman, de (1994). Lembre-se, contudo, de que estes textos estão em inglês e não são textos introdutórios! Se prefere um material introdutório e em português, você encontra uma introdução à Teoria da Ligação em português em Mioto, Figueiredo Silva e Lopes (2013).

Quem se interessa mais pelas questões ligadas propriamente à aquisição dessas estruturas pode consultar alguns artigos, como Chien e Wexler (1990), que traz diversos experimentos sobre a aquisição dos Princípios A e B da Teoria da Ligação não mencionados anteriormente. Um estudo mais recente sobre a aquisição do Princípio B em inglês é o de Conroy et al. (2009). Lust, Eisele e Mazuka (1992) trazem um panorama geral sobre a aquisição do Princípio C em diversas línguas. Os artigos de Grolla citados ao longo do capítulo trazem diversos experimentos aplicados em crianças adquirindo PB e resultados sobre o conhecimento delas acerca dos princípios A, B e C da Teoria da Ligação.

Exercícios

1. Nas sentenças seguintes, explique quais princípios da Teoria da Ligação são violados. Justifique sua resposta:
   a. *O João$_i$ disse pra Maria$_k$ que ele$_i$ se$_k$ admira.
   b. *[O amigo do vizinho do Pateta$_i$]$_k$ coçou ele$_k$.
   c. *Ele$_i$ disse que a Suzana$_k$ atacou o Jorge$_i$.
   d. *[O menino que jogou bola com o Woody$_i$]$_k$ se$_i$ cortou.
   e. *A fada$_i$ encantou ela$_i$.

2. Considerando os métodos discutidos no capítulo "Metodologias utilizadas em estudos em Aquisição de Linguagem", discuta como poderíamos utilizar a tarefa de julgamento de gramaticalidade para investigar o conhecimento das crianças que adquirem o PB sobre o Princípio A. Proponha como o teste pode ser aplicado.

3. Como poderíamos utilizar a tarefa de escolha de figuras para testar o conhecimento das crianças sobre o Princípio B?

4. Como poderíamos utilizar a tarefa de imitação para testar o conhecimento das crianças sobre o Princípio C?

CONSIDERAÇÕES FINAIS

Este livro abordou a questão de como nós adquirimos uma língua em nossa primeira infância sem fazer qualquer esforço para isso e chegando a um resultado surpreendentemente bom num período curtíssimo de tempo. Para tornar essa discussão possível, no capítulo "A capacidade linguística de adultos e crianças", começamos comparando as línguas humanas e os sistemas de comunicação dos animais, levando em conta um conjunto de propriedades como critério para estabelecer em que exatamente as línguas humanas diferem desses sistemas de seus companheiros de planeta. Fizemos também uma inspeção rápida de algumas propriedades conhecidas do cérebro/mente humano para tentar determinar o que ele tem de especial que nos permite falar uma língua com o grau de complexidade que as línguas humanas exibem. Examinamos depois diferentes hipóteses empiristas e como elas lidam com as propriedades da aquisição de uma língua por uma criança.

No capítulo "Em defesa de uma abordagem racionalista", apresentamos uma série de argumentos em defesa de uma hipótese conhecida como Teoria da Gramática Universal, na expectativa de mostrar sua superioridade para explicar a aquisição de restrições sintáticas. Notamos que a aquisição da linguagem é universal, isto é, todos os seres humanos adquirem igualmente bem uma língua natural, supostamente fazendo uso dos mesmos mecanismos internos, porque certos fenômenos como a sobregeneralização de regras ocorrem não apenas com crianças que aprendem a mesma língua, mas também com crianças que aprendem línguas diferentes. Se certos fenômenos observados na aquisição são tais que seria impossível qualquer tipo de imitação ou instrução por parte dos adultos, a conclusão parece ser que o mecanismo responsável pela aquisição é inato, parte do nosso aparato racional biologicamente determinado.

A hipótese racionalista vê a linguagem como parte do programa genético dos seres humanos, e assim certos estudiosos entendem que este é um processo com propriedades muito semelhantes ao processo de aprender a andar, por exemplo. Além da universalidade, também a sequencialidade dele é muito clara. Vimos que a aquisição da linguagem pela criança não se dá instantaneamente, nem é diretamente dependente do tipo de *input* ao qual a criança tem acesso. Ao contrário, o que se observa é uma incrível uniformidade com respeito às fases pelas quais todas as crianças passam, independentemente da língua que estão aprendendo.

Examinamos detidamente um dos argumentos mais conhecidos em defesa da hipótese inatista, que é o argumento da pobreza do estímulo. Há vários sentidos em que podemos dizer que o *input* é degradado, mas o problema real é ele não fornecer informações sobre o que não é possível na língua. No entanto, todos os falantes de uma língua natural sabem o que é possível ou não nela. Assim, se esse tipo de conhecimento não é adquirido pela experiência, mas é anterior a ela, a conclusão é de que ele é geneticamente determinado.

Muito por conta dessa observação sobre a qualidade do *input*, discutimos que papel ele pode ter numa teoria inatista. Adotamos a versão de Princípios e Parâmetros, segundo a qual a Gramática Universal (GU, o estado inicial da faculdade da linguagem) é composta por um conjunto de princípios, que são universais, e um conjunto de parâmetros, propriedades binárias associadas fundamentalmente a categorias funcionais que representam o lugar da variação nas línguas. O papel do *input* neste quadro é o de servir de evidência para o acionamento de um dos valores para cada um dos diferentes parâmetros.

Examinamos, a título de exemplificação, um parâmetro bem conhecido na literatura da área, o Parâmetro do Sujeito Nulo, mostrando

Considerações finais

que os parâmetros associam várias propriedades aparentes na língua com base em uma única propriedade mais abstrata. Examinamos também a metáfora para o que deve ser o acionamento paramétrico feito pela criança. Com base nessa metáfora, discutimos outros problemas, como o dos dados relevantes para o desencadeamento do valor do parâmetro, que devem ser dados abundantes e facilmente acessíveis. Finalmente, mencionamos duas hipóteses sobre o funcionamento da GU: a hipótese maturacionista e a hipótese continuísta. Para os maturacionistas, nem todos os princípios e parâmetros da GU estão acessíveis para a criança desde o início por razões de maturação biológica, razão pela qual nas fases iniciais podem aparecer na gramática infantil estruturas impossíveis na gramática adulta. Para os continuístas, por outro lado, as estruturas da gramática infantil são fundamentalmente as mesmas que se encontram nas gramáticas adultas. As diferenças observáveis podem ser devido a limites de processamento ou memória ou ainda a desconhecimento de certos itens lexicais. Essa discussão ainda aguarda mais pesquisa e avanços teóricos para ser dirimida.

No capítulo "Metodologias utilizadas em estudos em Aquisição de Linguagem", examinamos uma série de métodos utilizados para o estudo da aquisição da linguagem. Começamos discutindo os dados obtidos na produção espontânea e vimos que, apesar de fornecer um panorama claro sobre as estruturas que a criança utiliza, esse método pode não fornecer informação sobre o que a criança sabe de fato. Para nos mostrar efetivamente qual é o conhecimento que as crianças têm, discutimos longamente a obtenção de dados por métodos experimentais. Discutimos dois tipos básicos de tarefas: as de produção e as de compreensão. Nas tarefas de produção, vimos que podemos tentar eliciar estruturas em contextos lúdicos fazendo perguntas para as crianças ou podemos pedir para que a criança imite certas construções (que só serão imitadas corretamente se ela já possui aquelas estruturas). Nas tarefas de compreensão, examinamos quatro tipos de tarefas: (a) Tarefa de Julgamento de Valor de Verdade – TJVV; (b) Tarefa de Julgamento de Gramaticalidade – TJG; (c) Tarefa de encenação (*act out task*); e (d) Tarefa de escolha de figuras. Vimos também que a escolha dentre qualquer um desses métodos depende muito do tipo de fenômeno gramatical que está sob investigação.

Após a aplicação dos testes, vimos ser imprescindível a análise estatística dos dados: como saber se 70% de respostas corretas é indicação de um comportamento adulto? Somente comparando-se estatisticamente dados infantis e adultos é que se consegue chegar a uma conclusão. Por isso, insistimos que a pesquisa não termina com a coleta dos dados, mas somente após a análise estatística. Após contabilizarmos as respostas de todas as crianças, testes estatísticos são realizados para estabelecermos as generalizações. A intenção é capturar tendências que as crianças, num determinado momento de seu desenvolvimento, apresentam. Essas tendências são então comparadas às respostas dadas pelos adultos e por crianças de outros grupos etários. Comparações também são feitas com resultados obtidos em outros estudos, utilizando outros métodos e outras línguas.

É necessário entrevistar um número considerável de crianças para avançar generalizações confiáveis e consistentes. E é somente com a convergência de resultados através de vários estudos e métodos diferentes e em línguas diferentes que é possível identificar restrições abstratas no curso de aquisição. Com essa robustez de evidências, conseguimos trazer argumentos fortes para postular o conteúdo da Gramática Universal, detectando fases intermediárias no processo da criança adquirindo uma língua.

Finalmente, no último capítulo, discutimos uma questão específica, que é a da referencialidade das expressões nominais. Primeiramente, discutimos o que sabemos sobre a distribuição de elementos nominais nas línguas humanas. Falamos das propriedades de anáforas, pronomes e expressões-R na língua adulta, em particular do PB adulto. A seguir, discutimos diversos testes que tinham por objetivo detectar o conhecimento das crianças acerca de anáforas, pronomes e expressões-R. As crianças mais novas (entre 4 e 5 anos) não apresentam comportamento adulto em todas as tarefas testadas, mas especulamos que isso seja devido ao fato de que elas precisam aprender as formas lexicais antes de mostrar conhecimento sobre os princípios sintáticos.

Quando os testes são bem desenhados e aplicados de forma pragmaticamente apropriada, as crianças, a partir dos 5 anos, mostram conhecimento sobre tais elementos. Além de mostrar conhecimento lexical, por exemplo, de que 'se' pode ser tanto reflexivo como recíproco, as crianças também evidenciam conhecimento sintático, como os princípios da Teoria da Ligação. Esse comportamento pode ser tomado como mais uma evidência a favor da teoria racionalista que estamos defendendo desde o primeiro capítulo deste livro. As crianças não são explicitamente instruídas sobre a agramaticalidade de sentenças como *Ele_i está lavando o $elefante_i$ ou de outras violações dos princípios de ligação. No entanto, quando já conhecem as formas lexicais em questão e são confrontadas com esses tipos de sentenças nos testes descritos, elas os rejeitam, o que indica que de algum modo esse conhecimento já está presente.

Esperamos ter mostrado a você, neste livro, os encantos e as dificuldades da área de Aquisição da Linguagem. Os encantos, nós esperamos que o tenham seduzido para o trabalho na área; as dificuldades, esperamos que sejam estímulos para a sua curiosidade científica!

BIBLIOGRAFIA

AVRAM, L. *An Introduction to Language Acquisition from a Generative Perspective.* Bucaresti: Editura Universitatii, 2003. Disponível em: <http://ebooks.unibuc.ro/filologie/avram/index.htm>. Acesso em: 31 out. 2012.

BERTOLINO, K.; GROLLA, E. O pronome 'ele' está sujeito ao princípio B? Uma discussão sobre resultados experimentais. *Revista Linguística* (UFRJ), v. 8, 2012, pp. 86-99.

BLOOM, L. *Language Development*: Form and Function in Emerging Grammars. Cambridge: MIT Press. 1970.

____; SEBASTIÁN-GALLÉS, N. Native-language Recognition Abilities in 4-month-old Infants from Monolingual and Bilingual Environments. *Cognition*. v. 65, 1997, pp. 33-69.

BOSTER, C. Children's Failure to Obey Principle B: Syntactic Problem or Lexical Error? In: ABE, J. et al. (eds.). *Uconn Working Papers in Linguistics 4*. Storrs: University of Connecticut, 1994.

BROWN, R. *A First Language*: The Early Stages. London: George Allen & Unwin Ltd., 1973.

CAMARA JR., J. M. *Estrutura da língua portuguesa*. Petrópolis: Vozes, 1970.

CARNIE, A. *Syntax:* A Generative Introduction. Oxford: Wiley-Blackwell, 2002.

CASAGRANDE, S. *A correlação entre aspecto e objeto no PB*: uma análise sintático-aquisicionista. Campinas, 2010. Tese (Doutorado em Linguística) – Instituto de Estudos da Linguagem, Universidade de Campinas.

CHIEN, Y.-C.; WEXLER, K. Children's Knowledge of Locality Conditions in Binding as Evidence for the Modularity of Syntax and Pragmatics. *Language Acquisition*, v. 1, 1990, pp. 225-95. Disponível em: <http://hun.uchicago.edu/ck0/kennedy/classes/s09/experimentalsemantics/chien_wexler90.pdf>. Acesso em: 21 ago. 2014.

CHOMSKY, C. *The Acquisition of Syntax in Children From 5 to 10*. Cambridge: MIT Press, 1969.

____. *Lectures on Government and Binding*. Dordrecht: Foris, 1981.

____. *Knowledge of Language*: Its Nature, Orign and Use. New York: Praeger, 1986.

CHRISTOPHE, A.; MORTON, J. "Is Dutch Native English? Linguistic Analysis by 2-month-olds". *Developmental Science*, v. 1, 1998, pp. 215-19.

CONROY, A. et al. Equal Treatment for All Antecedents: How Children Succeed with Principle B. *Linguistic Inquiry*, v. 40, 2009, pp. 446-86. Disponível em: <http://semantics.uchicago.edu/kennedy/classes/s09/experimentalsemantics/conroy-etal-inpress.pdf>. Acesso em: 21 ago. 2014.

COSTA, J.; SANTOS, A. L. *A falar como os bebés*: o desenvolvimento linguístico das crianças. Lisboa: Ed. Caminho, 2003.

CRAIN, S.; LILLO-MARTIN, D. *An Introduction to Linguistic Theory and Language Acquisition*. Oxford: Blackwell, 1999.

_____; McKee, C. The Acquisition of Structural Restrictions on Anaphora. In: Berman, S.; Choe, J.-W.; McDonough, J. (eds.). *Proceedings of the 16th North Eastern Linguistic Society.* Amherst: University of Massachusetts, glsa, 1985.

_____; Thornton, R. *Investigations in Universal Grammar.* Cambridge: mit Press, 1999.

Curtiss, S. *Genie:* A Psycholinguistic Study of a Modern-day 'Wild Child'. New York: Academic Press, 1977.

Elbers, L. Operating Principles in Repetitive Babbling: A Cognitive Continuity Approach. *Cognition.* v. 12, 1982, pp. 45-63.

Elbourne, P. On the Acquisition of Principle B. *Linguistic Inquiry,* vol. 36, 2005, pp. 333-65.

Ervin, S. Imitation and Structural Change in Children's Language. In: Lenneberg, E. H. (ed.). *New Directions in the Study of Language.* Cambridge: mit Press, 1964, pp. 163-89.

Fraser, C.; Bellugi, U.; Brown, R. Control of Grammar in Imitation, Comprehension, and Production. *Journal of Verbal Learning and Verbal Behavior,* vol. 2, 1963, pp. 121-35.

Fromkin, V.; Rodman, R.; Hyams, N. *An Introduction to Language.* 7. ed. Boston: Thomson Wadsworth, 2003.

Gerken, L. A.; Shady, M. E. The Picture Selection Task. In: McDaniel, D., McKee, C.; Cairns, H. (eds.). *Methods for Assessing Children's Syntax.* Cambridge: mit Press, 1996, pp. 125-46.

Gleitman, L.; Newport, E. The Invention of Language by Children: Environmental and Biological Influences on the Acquisition of Language. In: Gleitman, L.; Liberman, M. (eds.). *An Invitation to Cognitive Science: Language.* vol. 1. Cambridge: mit Press, 1995, pp. 1-24.

Goodluck, H. The Act-out Task. In: McDaniel, D., McKee, C.; Cairns, H. (eds.). *Methods for Assessing Children's Syntax.* Cambridge: mit Press, 1996, pp. 147-62.

Gopnik, M. Feature Blindness: A Case Study. *Language Acquisition.* v. 1, 1990, pp. 139-64.

Grodzinsky, Y.; Kave, G. Do Children Really Know Condition A? *Language Acquisition.* v. 3, 1993, pp. 41-54.

Grolla, E. *A aquisição da periferia esquerda da sentença em português brasileiro.* Campinas, 2000. Dissertação (Mestrado em Linguística) – Instituto de Estudos da Linguagem, Universidade de Campinas.

_____. Metodologias experimentais em aquisição da linguagem. *Revista Estudos da Língua(gem),* v. 7, 2009a, pp. 9-42. Disponível em: <http://www.estudosdalinguagem.org/seer/index.php/estudosdalinguagem/article/viewFile/126/2332>. Acesso em: 21 ago. 2014.

_____. The Saliency Factor in Studies on the Acquisition of Principle B. In: Schardl, A.; Walkow, M.; Abdurrahman, M. (eds.). *Proceedings of the 38th Meeting of the North East Linguistic Society (Nels).* Amherst: glsa – Graduate Linguistic Student Association, University of Massachusetts, 2009b, pp. 251-64.

_____. *Pronouns as Elsewhere Elements:* Implications for Language Acquisition. Newcastle upon Tyne: Cambridge Scholars Publishing, 2010.

_____. The Acquisition of Contrastive and Non-contrastive Anaphoric Forms in Brazilian Portuguese. In: Pirvulescu, M. et al. (eds.). *Selected Proceedings of the 4th Conference on Generative Approaches to Language Acquisition North America.* Somerville: Cascadilla Proceedings Project, 2011a, pp. 78-89. Disponível em: <http://www.lingref.com/cpp/galana/4/index.html>. Acesso em: 23 abr. 2014.

_____. Proeminence and Unexpectedness Restrictions: the Acquisition of Intensified Proforms in Brazilian Portuguese. Trabalho apresentado na Universidade de Thessaloniki, Thessaloniki, Grécia. Evento: Generative Approaches to Language Acquisition 4 (de 6 a 8 de setembro de 2011), 2011b.

_____. Locality and C-command: The Acquisition of Principle A in Brazilian Portuguese. In: Ferré, S. et al. (orgs.) *Selected Proceedings of the Romance Turn iv Workshop on the Acquisition of Romance Languages.* Newcastle upon Tyne: Cambridge Scholars Publishing, 2012a, pp. 153-68.

_____. Estratégias infantis na aquisição da expressão 'ele mesmo' em português brasileiro. *Revista LinguíStica* (ufrj), v. 8, n.2, 2012b, pp. 56-70. Disponível em: <http://www.letras.ufrj.br/poslinguistica/revistalinguistica/wp-content/uploads/2012/12/revista-linguistica-v8-n2-estrategias-infantis3.pdf>. Acesso em: 21 ago. 2014.

_____. A aquisição do princípio C da teoria de ligação em português brasileiro: questões metodológicas. *Revista de Estudos da Linguagem,* vol. 21, 2013, pp. 9-34.

_____; ALVAREZ, B. The Optionality of WH-In-Situ Questions in Brazilian Portuguese: Child and Adult Data. Trabalho apresentado em I Experimental Psycholinguistics: Formal Approaches, Instituto de Estudos da Linguagem, Unicamp (2 de dezembro de 2010).
GUASTI, M. T. *Language Acquisition*: A Linguistic Perspective. Cambridge: MIT Press, 2002.
HAEGEMAN, L. *Introduction to Government and Binding Theory*. Oxford: Blackwell, 1994.
HARBERT, W. Binding Theory, Control and Pro. In: WEBELHUTH, G. (ed.). *Government and Binding Theory and the Minimalist Program*. Londres: Blackwell, 1995.
HAUSER, M. D.; CHOMSKY, N.; FITCH, W. T. The Faculty of Language: What Is It, Who Has It, and How Did It Evolve? *Science*, v. 298, 2002, pp.1569-79. Disponível em: <http://www.chomsky.info/articles/20021122.pdf>. Acesso em: 21 ago. 2014.
HIRSH-PASEK, K.; R. GOLINKOFF. *The Origins of Grammar*: Evidence from Comprehension. Cambridge: MIT Press, 1996.
HUANG, C,-T. J.; TANG, C.-C. J. The Local Nature of the Long-Distance Reflexive in Chinese. In: KOSTER, J.; REULAND, E. (eds.). *Long-Distance Anaphora*. Cambridge: Cambridge University Press, 1991, pp. 263-82.
JAKUBOWICZ, C. Reflexives in French and Danish: Morphology, Syntax, and Acquisition. In: LUST, B.; HERMON, G.; KORNFILT, J. (eds.). *Binding, Dependencies, and Learnability*. Hillsdale: Lawrence Erlbaum, 1994, pp. 115-44.
JUSCZYK, P. W. *The Discovery of Spoken Language*. Cambridge: MIT Press, 1997.
KARNOPP, L. *Aquisição fonológica na língua brasileira de sinais*: estudo longitudinal de uma criança surda. Porto Alegre, 1999. Tese (Doutorado em Linguística) – Faculdade de Letras, PUC-RS.
LANGACKER, R. *Grammar and Conceptualization*. Berlin & New York: Mouton de Gruyter, 1999.
LEBEAUX, D. *Language Acquisition and the Form of the Grammar*. Amherst, 1988. Tese (Doutorado em Linguística) – Universidade de Massachusetts.
LENNEBERG, E. *Biological Foundations of Language*. New York: John Wiley & Sons, 1967.
LUST, B. (ed.). *Studies in the Acquisition of Anaphora*. Dordrecht, Reidel, 1986, v. 1 – Defining the Constraints.
_____. (ed.). *Studies in the Acquisition of Anaphora*. Dordrecht: Reidel, 1987. v. 2 – Applying the Constraints.
_____. *Child Language*: Acquisition and Growth. Cambridge: Cambridge University Press, 2006.
_____; EISELE, J.; MAZUKA, R. The Binding Theory Module: Evidence from First Language Acquisition for Principle C. *Language*. v. 68, 1992, pp. 333-58.
LYONS, J. *Lingua(gem) e linguística*. Rio de Janeiro: Guanabara-Koogan, 1987.
MACWHINNEY, B. *The Childes Handbook:* Tools for Analyzing Talk. Hillsdale: Lawrence Erlbaum, 1991.
_____; SNOW, C. The Child Language Data Exchange System. *Journal of Child Language*. v. 12, 1985, pp. 271-96.
MCCLELLAND, J. L. L.; RUMELHART, D. E.; THE PDP RESEARCH GROUP. *Parallel Distributed Processing:* Explorations in the Microstructure of Cognition. Cambridge: MIT Press, 1986. v. 2 – Psychological and Biological Models.
MCDANIEL, D.; CAIRNS, H. S.; HSU, J. R. Binding Principles in the Grammars of Young Children. *Language Acquisition*, vol. 1, 1990, pp. 121-38.
_____; MAXFIELD, T. Principle B and Contrastive Stress. *Language Acquisition*, v. 2, 1992, pp. 337-58.
_____; MCKEE, C.; CAIRNS, H. S. (eds.). *Methods for Assessing Children's Syntax*. Cambridge: MIT Press, 1996.
MCNEIL, D. Developmental Psycholinguistics. In: SMITH, F.; MILLER, G. (eds.). *The Genesis of Language*: A Psycholinguistic Approach. Cambridge: MIT Press, 1966.
_____. *The Acquisition of Language*. New York: Harper and Row, 1970.
MEHLER, J. et al. A Precursor of Language Acquisition in Young Infants. *Cognition*, vol. 29, 1988, pp. 144-78.
MEISEL, J. Parâmetros na aquisição. In: FLETCHER, P.; MACWHINNEY, B. (orgs.). *Compêndio da linguagem da criança*. Porto Alegre: Artes Médicas, 1997, pp. 13-40.
MENUZZI, S. Sobre a evidência para a maturação de universais linguísticos. *Letras de Hoje*. Porto Alegre, v. 36, 2001, pp. 141-66.
MIOTO, C.; FIGUEIREDO SILVA, M. C.; LOPES, R. *Novo manual de sintaxe*. São Paulo: Contexto, 2013.

MOON, C.; COOPER, R.; FIFER, W. Two-day-olds Prefer their Native Language. *Infant Behavior and Development.* v. 16, 1993, pp. 495-500.

NAME, M. C.; CORRÊA, L. M. S. Explorando a escuta, o olhar e o processamento sintático: metodologia experimental para o estudo da aquisição da língua materna em fase inicial. In: CORRÊA, L. M. S. (org.). *Aquisição da linguagem e problemas do desenvolvimento linguístico.* São Paulo: Loyola, 2006, pp. 79-100.

NEWPORT, E.; MEIER, R. The Acquisition of American Sign Language. In: SLOBIN, D. I. (ed.). *The Crosslinguistic Study of Language Acquisition*, Hillsdale: Lawrence Erlbaum Associates, v. 1, 1985, pp. 881-938.

_____. Maturational Constraints on Language Learning. *Cognitive Science*, v. 14, 1990, pp. 11-28.

PETITTO, L.; MARENTETTE, P. Babbling in the Manual Mode: Evidence for the Ontogeny of Language. *Science*, v. 251, 1991, pp. 1483-96.

PINKER, S. *O instinto da linguagem*: como a mente cria a linguagem. Trad. Claudia Berliner. São Paulo: Martins Fontes, 2002.

_____; PRINCE, A. On Language and Connectionism: Analysis of a Distributed Processing Model of Language Acquisition. *Cognition.* v. 28, 1988, pp. 73-193.

RAPOSO, E. *Teoria da gramática:* a faculdade da linguagem. Lisboa: Ed. Caminho, 1992.

RUMELHART, D. E.; MCCLELLAND, J. L.; THE PDP RESEARCH GROUP. *Parallel Distributed Processing:* Explorations in the Microstructure of Cognition. Cambridge: MIT Press, v. 1 – Foundations, 1986.

SAUSSURE, F. de. *Curso de linguística geral.* São Paulo: Cultrix/Edusp, 1969.

SILVA, C. *Aquisição da regra de assimilação de vozeamento em português brasileiro.* São Paulo, 2008. Dissertação (Mestrado em Linguística) – Faculdade de Filosofia, Letras e Ciências Humanas, Universidade de São Paulo.

SKINNER, B. F. *Verbal Behavior.* New York: Appleton-Century-Crofts, 1957.

SOLAN, L. *Pronominal Reference:* Child Language and the Theory of Grammar. Dordrecht: Reidel, 1983.

_____. Language Acquisition Data and the Theory of Markedness: Evidence from Spanish. In: ECKMAN, F.; MORAVCSIK, E.; WIRTH, J. (eds.). *Markedness.* New York: Plenum, 1986.

STEVENSON, R.; PICKERING, M. The Effects of Linguistic and Non-Linguistic Knowledge on the Acquisition of Pronouns. In: GRIFFITHS, P. (ed.). *Proceedings of the Child Language Seminar.* United Kingdom: University of York, 1987.

STROMSWOLD, K. Learnability and the Acquisition of Auxiliaries. Cambridge, 1990. Tese (Doutorado em Linguística) – Massachusetts Institute of Technology.

SUTTON, M.; FETTERS, M.; LIDZ, J. Parsing for Principle C at 30 Months. *Proceedings of the 36th Boston University Conference on Language Development.* Cambridge: Cascadilla Press, 2012.

THORNTON, R. *Adventures in Long-Distance Moving*: The Acquisition of Complex WH-questions. Storrs, 1990. Tese (Doutorado em Linguística) – University of Connecticut.

_____. Elicited production. In: MCDANIEL, D.; MCKEE, C.; CAIRNS, H. (eds.). *Methods for Assessing Children's Syntax.* Cambridge: MIT Press, 1996, pp. 77-102.

_____; WEXLER, K. *Principle B, VP Ellipsis, and Interpretation in Child Grammar.* Cambridge: MIT Press, 1999.

TOMASELLO, M. *The Cultural Origins of Human Cognition.* Cambridge: Harvard University Press, 2000.

_____. *Constructing a Language*: A Usage Based Theory of Language Acquisition. London: Harvard University Press, 2003.

VIHMAN, M. M.; MILLER, R. Words and Babble at the Threshold of Lexical Acquisition. In: SMITH, M. D.; LOCKE, J. L. (eds.). *The Emergent Lexicon*: The Child's Development of a Linguistic Vocabulary. New York: Academic Press, 1988.

VIKNER, S. Parameters of Binder and Binding Category in Danish. *Working Papers in Scandinavian Syntax.* v. 23, 1985, pp. 1-58.

YAMADA, J. *Laura*: A Case for the Modularity of Language. Cambridge: MIT Press, 1990.

AS AUTORAS

Elaine Grolla é professora na Universidade de São Paulo. Possui bacharelado e mestrado em Linguística pela Universidade Estadual de Campinas. Obteve o título de doutora em Linguística pela Universidade de Connecticut. Desenvolve pesquisa sobre a aquisição de diversos aspectos da sintaxe do português brasileiro. Além de seu trabalho com aquisição de primeira língua, mais recentemente, iniciou pesquisa sobre a aquisição do português brasileiro como segunda e terceira língua.

Maria Cristina Figueiredo Silva possui graduação em Linguística e Português pela USP, mestrado pela Unicamp, doutorado pela Université de Genève e pós-doutorado pela Universidade Nova de Lisboa. É professora-associada da Universidade Federal do Paraná e é atualmente bolsista PQ 1D do CNPq, com pesquisa na interface entre sintaxe e prosódia. Tem trabalhado também na área de Morfologia e é uma das autoras do *Novo Manual de Sintaxe*, publicado pela Contexto.

CADASTRE-SE
EM NOSSO SITE,
FIQUE POR DENTRO DAS NOVIDADES
E APROVEITE OS MELHORES DESCONTOS

LIVROS NAS ÁREAS DE:

História | Língua Portuguesa
Educação | Geografia | Comunicação
Relações Internacionais | Ciências Sociais
Formação de professor | Interesse geral

ou
editoracontexto.com.br/newscontexto

Siga a Contexto
nas Redes Sociais:
@editoracontexto

GRÁFICA PAYM
Tel. [11] 4392-3344
paym@graficapaym.com.br